Hedwig

kleine bayerische biografien

herausgegeben von
Thomas Götz

MARITA A. PANZER

Hedwig

Die Braut der Landshuter Hochzeit

Verlag Friedrich Pustet
Regensburg

kleine bayerische biografien

Biografien machen Vergangenheit lebendig: Keine andere literarische Gattung verbindet so anschaulich den Menschen mit seiner Zeit, das Besondere mit dem Allgemeinen, das Bedingte mit dem Bedingenden. So ist Lesen Lernen und Vergnügen zugleich.

Dafür sind gut 100 Seiten genug – also ein Wochenende, eine längere Bahnfahrt, zwei Nachmittage im Café. Wobei *klein* nicht leichtgewichtig heißt: Die Autoren sind Fachleute, die wissenschaftlich Fundiertes auch für den verständlich machen, der zwar allgemein interessiert, aber nicht speziell vorgebildet ist.

Bayern ist von nahezu einzigartiger Vielfalt: Seine großen Geschichtslandschaften Altbayern, Franken und Schwaben eignen unverwechselbares Profil und historische Tiefenschärfe. Sie prägten ihre Menschen – und wurden geprägt durch die Männer und Frauen, um die es hier geht: Herrscher und Gelehrte, Politiker und Künstler, Geistliche und Unternehmer – und andere mehr.

Das wollen die KLEINEN BAYERISCHEN BIOGRAFIEN: Bekannte Personen neu beleuchten, die unbekannten (wieder) entdecken – und alle zur Diskussion um eine zeitgemäße regionale Identität im Jahrhundert fortschreitender Globalisierung stellen. Eine Aufgabe mit Zukunft.

DR. THOMAS GÖTZ, Herausgeber der Buchreihe, geboren 1965, studierte Geschichte, Germanistik und Philosophie. Er lehrt Neuere und Neueste Geschichte an der Universität Regensburg und legte mehrere Veröffentlichungen, vor allem zu Stadt und Bürgertum in Bayern und Tirol im 18., 19. und 20. Jahrhundert, vor. Darüber hinaus arbeitet er im Museums- und Ausstellungsbereich.

Inhalt

Vorwort – Hedwig im Schatten der Geschichte

Hedwig von Polen, Herzogin von Bayern-Landshut, hat kein privates Schriftgut hinterlassen. Briefe von ihrer Hand sind in den Archiven nicht zu finden. Allerdings gibt es offizielle Dokumente, wie beispielsweise die Ehevereinbarungen, welche heute noch einsehbar sind. Zudem haben sich einige Zeitgenossen mit der Landshuter Fürstenhochzeit von 1475 befasst. Ihre Berichte und Chroniken erlauben uns Einblicke in die Festlichkeiten, beschreiben das Brautpaar, die Hochzeitsgäste und deren kostbare Gewänder, die Trauung, Festmähler, Tänze und Turniere.

Der Bericht des Hans Seybolt von 1482 – Handschrift in der Bayerischen Staatsbibliothek München – ist am ausführlichsten. Seybolt war wohl Klosterschreiber zu Seligenthal und hielt sich nachweislich von 1454 bis 1482 in Landshut auf.

Der sogenannte Markgrafenschreiber Hans Oringen verfasste ebenfalls eine relativ umfangreiche Beschreibung der Fürstenhochzeit. Seine Niederschrift wird im Thüringischen Hauptstaatsarchiv zu Weimar aufbewahrt. Oringen kam im Gefolge des Markgrafen Albrecht Achilles von Brandenburg nach Landshut, daher auch die Bezeichnung »Chronik oder Bericht des Markgrafenschreibers«. Allerdings hielt Oringen vermutlich im Auftrag Herzog Ernsts von Sachsen die Ereignisse der Hochzeitsfeierlichkeiten fest, da dieser nicht persönlich anwesend sein konnte.

Die »Bayerische Chronik« des Veit Arnpeck bietet nur eine kurze Beschreibung der Hochzeit, obwohl er zu dieser Zeit in Landshut weilte. Er war 1468 Kooperator zu St. Martin, 1471 Priester zu St. Jodok und wurde noch für 1487 urkundlich als Benefiziat am Altar St. Johannes in der Martinskirche genannt.

Ulrich Füetrers »Bayerische Chronik«, wahrscheinlich zwischen 1473–1478 verfasst, geht auf die Hochzeit ein, jedoch nicht besonders ausführlich. Sie entstand mutmaßlich während seines Aufenthalts in München und gibt daher eher die Geschehnisse um die Münchner Herzöge wieder.

Die »Chronik Polens« des Jan Długosz (Dlugosch), in lateinischer Sprache verfasst, behandelt im zwölften Buch die Jahre 1462–1480. Długosz berichtet von der Reise der Braut von Polen zu ihrem Bräutigam nach Landshut und den vorausgehenden Eheverhandlungen.

Weitere historische Quellen sind Urkunden und Dokumente sowie die sogenannte »Große Rechnung«, die in der Handschriftenabteilung der Bayerischen Staatsbibliothek aufbewahrt wird und genauen Aufschluss über die Kosten der Landshuter Hochzeit von 1475 gibt.

Neben der zeitgenössischen Überlieferung beschäftigten sich zudem Historiker umfangreich mit der prunkvollen Hochzeitsfeier und ihren Akteuren. Jedoch wurde die Braut dabei, obwohl Hauptperson des Festes, eher nur am Rande berücksichtigt. Bis heute ist über Hedwig, die polnische Königstochter und spätere Herzogin von Bayern-Landshut, noch keine umfassende Biografie erschienen.

Möge nun die vorliegende Lebensbeschreibung diese klaffende Lücke ein wenig schließen und Hedwig, die Braut der Landshuter Hochzeit von 1475, aus dem Schatten der Geschichte deutlicher hervortreten lassen.

1 »Hedvigis« – eine polnische Königstochter

ELTERN UND GESCHWISTER

Hedwigs Vater folgte seinem Bruder Władysław III. (dt. Ladislaus; reg. ab 1424), der 1444 in der Schlacht bei Warna fiel, erst drei Jahre später auf dem polnischen Thron als Kasimir IV. nach. Er war der jüngste Sohn von Władysław II. Jogaila bzw. Jagiello (reg. 1386–1434) und dessen vierter Gemahlin Sophie (1405–1461), einer Prinzessin aus Litauen ruthenischer Herkunft. Ruthenien heißt eine historische Landschaft, die im heutigen Weißrussland bzw. der Ukraine liegt und wo damals Altrussisch gesprochen wurde. Mit König Jogaila (Jagiello) begann die Reihe der Jagiellonenkönige auf dem polnischen Thron.

Als Hedwigs Vater Kasimir polnischer König wurde, vereinigte er Polen und Litauen (hier war er seit 1449 bereits zum Großfürsten ernannt worden) in Personalunion zu einem gewaltigen Länderkomplex im Osten des Deutschen Reiches. Von Sophie, der Mutter des Königs und Großmutter Hedwigs, wird überliefert, dass sie großen Einfluss auf die Politik im Königreich nahm: »Ich verneme das des Königes mutter stets mete in den rat gebet und alle die brieffe die deme Konige werde geschrieben, die muß man ir legen.« (Ich höre, dass des Königs Mutter sich stets mit in den Rat begibt und alle Briefe, die der König erhält, müssen ihr vorgelegt werden.) Sophie unterstützte durch die Übersetzung der Bibel ins Polnische auch die Verbreitung des christlichen Glaubens in Polen. Sie starb am 21. September 1461, als ihre Enkeltochter Hedwig vier Jahre alt war, und wurde in der Kirche des Paulaner-Klosters zu Krakau beigesetzt.

Nach dem Tod ihrer Schwiegermutter Sophie nahm deren einflussreiche Stellung König Kasimirs Gattin, Hedwigs Mutter, ein. Sie galt als ebenso politisch kundig und aktiv. Elisabeth war eine geborene Habsburgerin aus Wien. Sie war die Tochter von Herzog Albrecht V. von Österreich, der als

Christentum in Polen und Litauen

Die im 10. Jahrhundert begonnene Christianisierung Polens wurde beständig fortgeführt; im 13. Jahrhundert war der römisch-katholische Glaube überall in Polen verbreitet und der Anschluss an das lateinisch-christliche Abendland vollzogen.

Hedwig von Anjou (1373–1399; Tochter von Ludwig I., König von Polen, Ungarn und Kroatien, aus dem Haus Anjou) wurde nach längeren Kämpfen 1384 zum »König« von Polen gekrönt. Sie heiratete 1386 Jogaila (Jagiello), den Großfürsten von Litauen, der damit als Władysław II. die polnische Königskrone erhielt. Somit waren beide Ehegatten aus eigenem Recht heraus »Könige« von Polen. Die Ehe blieb kinderlos. Hedwig von Anjou, Jadwiga genannt, wurde 1997 heiliggesprochen, da sie sich für die Christianisierung Litauens, eines der letzten Horte europäischen Heidentums, eingesetzt hatte: Durch ihre Hochzeit 1386 mit dem Litauer Großfürsten war auch der Übertritt seines Volkes zum römisch-katholischen Christentum verbunden gewesen.

Albrecht II. (reg. 1438–1439) römisch-deutscher König war. Ihre Mutter, also Hedwigs Großmutter, ebenfalls mit dem Namen Elisabeth (1409–1442), war die Tochter des römisch-deutschen Kaisers Sigismund (reg. 1433–1437). Sie war die Erbin der Königreiche Böhmen und Ungarn. Ihr Sohn Ladislaus Postumus, Hedwigs Onkel, folgte als König in Böhmen und Ungarn (reg. 1440–1457) nach.

Hedwigs Mutter wuchs überwiegend in Wien am Hof von König Friedrich III. (1452–1493 Kaiser) auf, der mit ihr verwandt war. Sie erhielt, wie ihre Geschwister Anna und Ladislaus, eine dem Frühhumanismus verpflichtete solide Ausbildung. Anna ehelichte den sächsischen Herzog Wilhelm, und Elisabeth verheiratete sich am 10. Februar 1454 nach Polen. Als Mitgift waren ihr 100 000 ungarische Kronen zugesagt, sie musste dafür aber – wie für Frauen üblich – auf ihre österreichischen Erbansprüche verzichten. Als ihr Bruder, König

Hedwigs Eltern: König Kasimir IV. von Polen und Elisabeth von Habsburg, Königin von Polen

Ladislaus von Böhmen und Ungarn, 1457 starb, meldeten die polnischen Gesandten in Prag und Ofen ihre Bewerbung um die Krone an, was aber wohl eher als Hinweis auf die bis dahin noch nicht bezahlte Mitgift Elisabeths gedacht war.

Hedwigs Mutter galt als wenig attraktiv; sie soll einen unförmigen Kopf mit der sogenannten Habsburger Unterlippe

Römisch-deutscher König bzw. Kaiser
Als römisch-deutscher König werden die Herrscher für die Zeitspanne von ihrer Wahl zum König bis zu ihrer Krönung zum Kaiser bezeichnet. Die meisten Königswahlen wurden von den Kurfürsten ab dem 12. Jahrhundert in Frankfurt am Main durchgeführt, während die Krönungen in Aachen stattfanden. Zum Kaiser wurden die erwählten Könige im Mittelalter zumeist vom Papst in Rom gekrönt. In späteren Jahrhunderten unterblieb die päpstliche Krönung, auch konnte der Königstitel manchmal sogar schon zu Lebzeiten des Kaisers auf seinen Nachfolger übergehen.
Der letzte Kaiser des Heiligen Römischen Reiches Deutscher Nation, wie die römisch-deutschen Kaiser auch bezeichnet werden, war Franz II. (reg. 1792–1806), der das Reich de jure auflöste, die Kaiserkrone niederlegte und von da ab nur mehr Kaiser im habsburgischen Österreich war.

gehabt haben und angeblich einen Buckel. Dennoch gestaltete sich die 38 Jahre währende Ehe mit Kasimir aus dem Haus der Jagiellonen harmonisch und erfolgreich. Aus ihr gingen dreizehn Kinder, sechs Söhne und sieben Töchter, hervor:

Der älteste Sohn Władysław (Wladislaus oder Ladislaus, 1456–1516) wurde König von Böhmen (1471) sowie Ungarn (1490). Das zweite Kind und zugleich die älteste Tochter wurde am 21. September 1457 abends in Krakau geboren und erhielt den Namen »Hedvigis« (Hedwig). Sie heiratete Herzog Georg den Reichen von Bayern-Landshut. Kasimir (1458–1483) wurde von Papst Leo X. 1521 heiliggesprochen und avancierte damit zum Schutzpatron von Polen und Litauen. Jan Olbracht (Johann Albrecht, 1460–1501) erbte von seinem Vater 1492 als Johann I. die polnische Königskrone, und Alexander (1461–1506) folgte wiederum seinem Bruder 1501 auf den polnischen Thron nach. Die zweitälteste Tochter Sophia (1464–1512) ehelichte Markgraf Friedrich V. von Brandenburg-Ansbach, und Elisabeth, geboren 1465, starb bereits als

Hedwigs Stammbaum mit Eltern und Geschwistern (1506)

Kleinkind 1466. Sigmund wurde nach dem Tod seines Bruders 1506 als Sigismund I. König von Polen, und Friedrich (1468–1504) schaffte es, als Bischof von Krakau und Erzbischof von Gnesen bis zum Kardinal aufzusteigen. Eine zweite Tochter namens Elisabeth wurde 1470 geboren und starb noch im selben Jahr (andere geben jedoch als Lebenszeit 1472–1480/81 an), und eine dritte Elisabeth kam 1472 oder 1482/83 zur Welt, heiratete 1515 Herzog Friedrich II. von Schlesien-Liegnitz-Brieg und lebte bis 1517. Anna (1476–1503) vermählte sich 1490 mit Herzog Bogislaw (Boguslaw) X. von Pommern, und Barbara (1478–1534) schloss 1496 mit Herzog Georg von Sachsen, genannt der Bärtige, die Ehe.

Hedwig oder Jadwiga?

Der Name Hedwig wird im Polnischen zu Jadwiga. Allerdings wurde die in dieser Biografie porträtierte Hedwig nicht auf den polnischen Namen getauft. In der lateinisch-kirchlichen Überlieferung heißt es, dass die königliche Tochter in der Krakauer Kirche den Namen »Hedvigis« (Hedwig) erhalten habe. Diese lateinische Form steht auch in den späteren Heiratsdokumenten. Hedwig selbst hat sich in einer von ihr ausgestellten Urkunde vom 12. April 1490 als »Hatwig« benennen lassen. Das ist die mittelalterliche Form des Namens Hedwig. Es ist daher angebracht, weiterhin die deutsche Namensform zu verwenden.

Alle Vermählungen ihrer Töchter mit deutschen Reichsfürsten und die Karrieren ihrer Söhne, die Kronen erlangten oder Kirchenfürsten wurden, hatte Königin Elisabeth umsichtig betrieben, und so galt sie wegen ihrer zahlreichen Nachkommen nicht nur als die »Mutter der Jagiellonen«, sondern auch als »Mutter von Königen«. Als Habsburgerin betrieb sie politisch eine Ausrichtung Polens nach Westen.

Daneben nahm sie die sorgfältige Erziehung ihrer Kinderschar in die Hände. Kallimachus, Humanist und Diplomat aus Italien, sowie der Krakauer Domherr und Geschichtsschreiber Jan Długosz unterrichteten die Söhne und wohl auch die Töchter. Wir können daher davon ausgehen, dass nicht nur Polnisch und etwas Latein, die Sprache der Kirche und Diplomatie, sondern auch Deutsch – die Sprache ihrer Mutter – von den königlichen Kindern bis zu einem gewissen Grad erlernt wurden.

In der bisher über Hedwig veröffentlichten Literatur wird immer wieder konstatiert, dass die polnische Königstochter der deutschen Sprache nicht mächtig gewesen sei. Da aber – wie berichtet wird – ihre Mutter die Ausbildung ihrer Töchter persönlich überwachte und leitete, ist es sehr unwahrscheinlich, dass Hedwig von ihrer habsburgischen Mutter bzw. in deren Auftrag nicht Deutsch gelernt hat. Bei ihrer Ankunft in Landshut soll Hedwig allerdings einen Dolmetscher in

Anspruch genommen haben, der ihr die Reden und ihre eigene Ansprache ins Polnische bzw. Deutsche übersetzte. Aber das war eher den diplomatischen Gepflogenheiten geschuldet als dem sprachlichen Unvermögen Hedwigs.

Der Humanist Jakob Locher schrieb später in seinem Nachruf über die Kindheit Hedwigs: »Herauszuheben ist ihre Erziehung, die nicht in einer mit Gold besetzten Wiege begann und nicht vergiftet war mit weibischen Spielereien, die nicht verweichlicht war von wärmenden Flaumbettchen und nicht entnervt war von herrlichen Gastmählern und nicht von schäumenden Bechern und nicht von allzu aufreizenden Reigentänzen; vielmehr war diese Erziehung bestimmt durch Wollarbeiten, geübt durch Fertigen von Geweben, belehrt durch Religion, gestaltet durch Wissenschaften, gefestigt durch reine Sitten und beschützt durch geheiligte Ehrbarkeit.« Tatsächlich galt das königliche Familienleben in Polen als vorbildlich und mustergültig.

HEIMATSTADT KRAKAU

Für Kunst und Kultur hegte Königin Elisabeth großes Interesse. Damals blühte die Spätgotik in Krakau auf: Veit Stoß (1447–1533), der berühmte Bildhauer aus Nürnberg, stellte 1489 den Hochaltar in der Krakauer Marienkirche fertig, und Elisabeth beauftragte ihn, das Marmor-Grabmal für ihren Gatten König Kasimir IV. anzufertigen, der 1491 das Zeitliche gesegnet hatte. Elisabeth starb am 30. August 1505 und wurde neben ihrem Gemahl in der Wawel-Kathedrale zu Krakau beigesetzt.

Seit 1038 war Krakau die Hauptstadt des Königreichs Polen. Auf dem Wawel-Hügel erhob sich mächtig die Residenz mit der Kathedrale. Die Stadt an der Weichsel war Ende des 14. Jahrhunderts der Hanse beigetreten (bis 1478), und so kamen neben zahlreichen Handeltreibenden auch Künstler und Gelehrte nach Krakau. Ungefähr 30 000 Einwohner soll die Stadt zu Hedwigs Zeit gehabt haben; davon war etwa ein Drittel um 1480 deutschsprachig. Deshalb wurden auch in der prächtig ausgestalteten Marienkirche und später in der Barbarakirche deutsche Predigten gehalten. Conrad Celtis

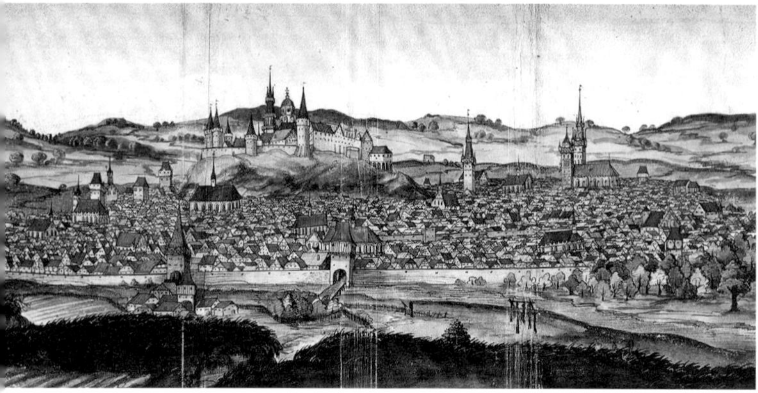

Hedwigs Heimatstadt: Krakau (Stadtansicht um 1536/37)

(1459–1508), der fränkische Humanist, weilte neben den Buchdruckern Kaspar Straube und Johann Haller (1463–1525) in der polnischen Hauptstadt und gründete dort 1488 eine Gelehrtengesellschaft. An der Universität (gegründet 1364) studierte gegen Ende des 15. Jahrhunderts u. a. Nikolaus Kopernikus (1473–1543), der nachmals berühmte Astronom.

Im Königreich Polen-Litauen gab es im 15. Jahrhundert keine einheitliche Bevölkerungsstruktur: Neben den Polen lebten, wirtschafteten, lehrten und studierten vor allem in den großen Städten – zumeist konfliktlos – Deutsche, Armenier, Juden, muslimische Sarazenen und orthodoxe Ruthenen.

Hedwigs Eltern, König Kasimir IV. und Königin Elisabeth, saßen 45 Jahre auf dem polnischen Thron. Diese Epoche wurde als das »Goldene Zeitalter« Polens bezeichnet, da Wirtschaft wie Kultur aufblühten und das Land sich zu einer Großmacht in Ostmitteleuropa entwickelte. Damals reichte der polnische Herrschaftsbereich von der Ostsee und dem Staat des Deutschen Ordens bis zum Schwarzen Meer bzw. dem Osmanischen Reich, von den Gebieten im Osten, wie dem Großfürstentum Moskau, bis zum Böhmerwald im Westen.

2 »Jungfrau und Herrin Hedwig«

EHEANBAHNUNG UND VERLÖBNIS

Schon längst waren auf die polnischen Königskinder begehrliche Blicke verschiedener Fürsten gerichtet. Am 7. Dezember 1473 brachte endlich Kurfürst Albrecht von Brandenburg die seit Jahren geplante Verlobung seines Sohnes Friedrich mit Prinzessin Sophia, Hedwigs jüngerer Schwester, zustande. Bereits im September 1473 waren polnische Gesandte zum Reichstag nach Augsburg geschickt worden, der allerdings nicht abgehalten wurde. Die Diplomaten hatten jedoch noch andere Aufträge im Gepäck: Sie sollten Ehen für die Prinzessinnen Hedwig und Sophia anbahnen. Nachdem für die jüngere der beiden eine Eheschließung vereinbart war, blieben die polnischen Gesandten noch einige Zeit auf der Cadolzburg am Hofe des Kurfürsten (Markgrafen) Albrecht von Brandenburg, denn seit Längerem waren schon Verhandlungen wegen einer Vermählung zwischen Hedwig und Georg (geb. 1455), Sohn des Herzogs Ludwig von Bayern-Landshut (reg. 1450–1479), im Gange. Diese mussten nun fortgesetzt werden.

Vor allem Königin Elisabeth wünschte, ihre Töchter mit älteren Dynastien zu verbinden und nicht – wie von Rom vorgeschlagen – mit dem Emporkömmling Matthias Corvinus. Dieser so abschätzig Bezeichnete, seit 1458 König von Ungarn, lag beständig mit Kaiser Friedrich III., einem Habsburger, in kriegerischen Auseinandersetzungen. Da die Hohenzollern und die Wittelsbacher zur kaiserlichen Partei zählten, wollte Königin Elisabeth von Polen, selbst eine gebürtige Habsburgerin, ihre Töchter mit diesen Fürstenhäusern ehelich verbinden.

Der Abschluss des Verlöbnisses von Hedwig mit Georg zog sich noch einige Zeit hin, da der Herzogssohn als Fünfjähriger bereits Ludmilla, der Tochter von König Georg Podiebrad von Böhmen (reg. 1458–1471), ehelich versprochen worden war. Inzwischen galt besagtes Verlöbnis allerdings als aufgehoben. Dennoch kam die Eheanbahnung mit Hedwig erst nach der Heirat Ludmillas mit Herzog Friedrich I. von Liegnitz am 5. September 1474 so richtig in Schwung.

Noch im selben Monat war eine umfangreiche Gesandtschaft von Landshut nach Polen aufgebrochen. Hochgestellte Persönlichkeiten gehörten ihr an: Bischof Heinrich von Regensburg, Hofmarschall Graf Friedrich von Helfenstein, Hofmeister Theseres von Fraunhofen und Dr. Friedrich Mauerkircher, Propst von Altötting. Da König Kasimir wegen kriegerischer Streitigkeiten und dem darauffolgenden Abschluss eines Waffenstillstands mit König Matthias Corvinus von Ungarn erst verspätet heimkehrte, hieß es zwei Monate lang warten, bis die Heiratsverhandlungen beginnen konnten. Bereits Monate davor war im März 1474 Dr. Mauerkircher nach Polen gereist, um die im Herbst 1473 in Landshut durch polnische Abgesandte begonnenen Kontakte hinsichtlich einer möglichen ehelichen Verbindung zwischen Georg und Hedwig wieder aufzunehmen.

Schließlich wurden die Eheverhandlungen mit Hilfe Königin Elisabeths im November und Dezember 1474 in Liegnitz und Radom erfolgreich beendet. Am Silvestertag 1474 fand dann die offizielle »Freiung« statt, d. h. das Eheversprechen wurde besiegelt.

Über diese ereignisreiche Zeit unterrichtet uns der polnische Geschichtsschreiber Długosz: »In Lentschiza (= Liegnitz) kamen zum König Unterhändler der Bayernherzoge Ludwig und Georg (Vater und Sohn), die um die Hand der Prinzessin Hedwig ... werben sollten ... Als der Polenkönig Kasimir ihre Bitte angehört und sich mit ihnen über einige Bedingungen, die für eine Ehe ausschlaggebend und von Bedeutung sind, geeinigt hatte, nahm er sie, da das Weihnachtsfest vor der Türe stand, mit sich nach Radom. Nachdem man sich dort über die restlichen Punkte einig geworden war, verlobte der König am Donnerstag, dem 29. November, seine genannte Tochter Hedwig ... dem jungen Bayernherzog Georg, welcher der einzige Sohn seines Vaters war ...«

Größtes Interesse an einer Verheiratung ihrer Tochter mit dem bayerischen Herzogssohn hegte Königin Elisabeth. Sie nahm nicht nur lebhaften Anteil an den nicht immer reibungslos verlaufenden Gesprächen, sondern übte auch Einfluss auf die endgültigen Abmachungen aus, wie ihrem Schreiben vom 30. Dezember an Georgs Vater, Herzog Ludwig, dessen Großmutter eine Habsburgerin war, zu entnehmen ist: »Berühmter Fürst, unser teuerster Blutsverwandter! / ... In diesen Verhandlungen ... konnten sie in einigen Vertragspunkten nicht einig werden. Sie fürchteten, den von Eurer Durchlaucht festgesetzten Verhandlungsrahmen zu überschreiten, und verschoben den Abschluss wiederholt auf unsere Gegenwart. Und als sie sich an Uns gewandt hatten, berieten sie wegen der nicht abgeschlossenen Bestimmungen mit Uns. / Uns aber erschien es so, wie der Beschluss erfolgte, aufs beste bedacht zu sein, und Wir waren der Meinung, dass es für beide Seiten Ehre und Nutzen bringen müsse. / Wenn also irgendjemand glauben sollte, bei diesen Beschlüssen habe man den Verhandlungsrahmen, der von Eurer Durchlaucht den Gesandten Eurer Durchlaucht gesetzt wurde, überschritten, so erklären Wir gegenüber Eurer Durchlaucht, dass dies auf Unseren Rat, nicht durch deren Schuld geschehen ist. Und Wir fordern Eure Durchlaucht auf und bitten Euch inständig, dass Ihr ihnen keineswegs zürnen möget. Denn Wir wollen für sie, und wann es sonst einmal notwendig sein sollte, Euer Durchlaucht gegenüber die Verantwortung tragen ...« (Der lateinische Originaltext des Briefes wurde ins Deutsche übersetzt.)

Die wichtigsten, auch zunächst strittigen Abmachungen galten wohl der Festsetzung der bräutlichen Mitgift, die schließlich »32 000 ungarische Gulden in gutem Gold und Gewicht« ausmachte, die »innerhalb der nächsten fünf Jahre zu bezahlen« waren, und zwar in einer jährlichen »Rate zu 6 000 Gulden und im fünften Jahr die letzte Rate mit 8 000 Gulden«. Das Geld sollte beim Rat der Stadt Leipzig hinterlegt und von dort dann angefordert werden. Ebenso gab Herzog Ludwig seiner zukünftigen Schwiegertochter gleichfalls 32 000 Goldgulden als Heiratsgut, d. h. er überschrieb Hedwig »Trostberg, Traunstein, Kraiburg und Mörmoosen mit allen ihren Zöllen, Abgaben, Kornspeichern, Forsten, Gerichten und deren Erträgnissen, Zinsen, Steuern, Nutzungen, Strafgeldern, Lehenreichnissen, Friedensgeldern, Fischweiden,

Forst- und Waldgefällen, Gewässern und deren Zugehörungen samt einer jährlichen Verzinsung von 1 Gulden für je 15 Gulden Kapital«. Sollten besagte Schlösser, Städte und Herrschaften diese Zinsen nicht erbringen, »ist das Fehlende aus dem Zoll zu Reichenhall zu ergänzen«. Genannte Besitzungen wurden Hedwig auf Lebzeiten vermacht und sie konnte diese nach ihrem Tode an ihre legitimen Kinder vererben. Zu Hedwigs Ausstattung und Absicherung kamen dann noch die Morgengabe Georgs nach dem Beilager und die Hochzeitsgeschenke der Festgäste dazu.

Nachdem die Eheverhandlungen zur allseitigen Zufriedenheit abgeschlossen waren und das Eheversprechen schließlich am 31. Dezember 1474 besiegelt wurde, verkündete König Kasimir am 1. Januar 1475 die Verlobung seiner Tochter mit den Worten: »Auf Veranlassung des höchsten Gottes haben Wir die erlauchte Jungfrau und Herrin Hedwig, unsere älteste Tochter, dem erlauchten Fürsten und Herrn Georg, dem Herzog von Nieder- und Oberbayern, unserem geliebten Sohn und Schwiegersohn, ehelich verlobt. Dies geschah nach dem Beschluss und Willen unserer geliebten erwähnten Tochter, wobei sie ihn entsprechend dem Ritus der römischen Kirche zu ihrem rechtmäßigen Gemahl und Bettgenossen annimmt.« Zum guten Ende wurden die bayerischen Gesandten noch »reichlich belohnt und in ihre Heimat entlassen«.

HERZOG GEORG VON BAYERN-LANDSHUT

Georg, der Bräutigam Hedwigs, entstammte der Landshuter Linie der bayerischen Wittelsbacher. Seinem Urgroßvater Herzog Friedrich, genannt der Weise (reg. 1392–1393), war nach der bayerischen Landesteilung, die 1392 urkundlich festgelegt wurde, das reiche (Nieder-)Bayern-Landshut zugefallen. Er hatte aus seiner zweiten Ehe mit der Mailänderin Magdalena Visconti († 1404), die einen hohen Geldbetrag mit in die Ehe brachte, fünf Kinder, von denen drei das Erwachsenenalter erreichten: Elisabeth (1383–1442), die 1401 Friedrich, den Burggrafen von Nürnberg und späteren Kurfürsten von Brandenburg, heiratete, sowie Magdalena (1388–1410),

Die Linien des Hauses Wittelsbach

Der Hausvertrag von Pavia teilte 1329 die Wittelsbacher in die zwei Hauptlinien Bayern und Pfalz (mit Oberpfalz). Nach dem Tod Kaiser Ludwigs IV., genannt der Bayer, 1347 gründeten seine Söhne drei bayerische Linien: Brandenburg-Tirol, Oberbayern-Niederbayern-Landshut und Straubing-Holland. Die Linie Brandenburg endete 1373 und Tirol ging bereits 1363 an Habsburg. Die Linie Oberbayern-Niederbayern-Landshut teilte sich 1392 in die Linien Bayern-Ingolstadt, Bayern-Landshut und Bayern-München. Die Linie Straubing-Holland endete 1436 mit dem Tod Jakobäas, der letzten Herzogin von Bayern-Straubing-Holland, wobei Holland an Lothringen und das Straubinger Land aufgeteilt an die drei bayerischen Linien Ingolstadt, Landshut und München kam. Die Linie Bayern-Ingolstadt endete 1445/47 und ging an Bayern-Landshut. Nach dem Landshuter Erbfolgekrieg von 1503–1505 endete die Linie Bayern-Landshut und wurde mit Bayern-München vereinigt. Somit gab es ab 1506 nur mehr die Linie Bayern der Wittelsbacher mit der Residenzstadt München und natürlich noch die Pfälzer Wittelsbacher, die sich 1410 in vier Linien (und einige Nebenlinien) geteilt hatten. Nach dem Landshuter Erbfolgekrieg entstand 1505 als neue Linie der Pfälzer Wittelsbacher die sogenannte »Junge Pfalz« mit dem Hauptort Neuburg a. d. Donau (Pfalz-Neuburg).

ehelich verbunden mit Johann Meinhard Graf von Görz und Tirol, und den 1386 geborenen Erben Heinrich. Dieser vermählte sich mit Margarete von Österreich. Er starb 1450 und hinterließ seinem Sohn Ludwig, geboren 1417, das Herzogtum. Ludwig heiratete Amalie (1436–1501), Tochter des Kurfürsten Friedrich II. von Sachsen und der Margarethe von Österreich. Das Herzogspaar bekam vier Kinder, von denen nur zwei das Erwachsenenalter erreichten: Georg, geboren 1455, Hedwigs nachmaliger Bräutigam, und Margarethe

Trausnitz: Die Burg zu Landshut

Burg und Stadt wurden 1204 von Herzog Ludwig I. gegründet. Damals war das bayerische Herzogtum noch ungeteilt. Die strategische Lage am Isar-Übergang und die Nachbarschaft der geistlichen Gebiete der Freisinger und Regensburger Bischöfe begünstigten den raschen Aufbau. Bereits 1232 war die Gründungsphase abgeschlossen und Landshut zu einem bayerischen Hauptort aufgestiegen. Nach der Teilung des bayerischen Herzogtums in Nieder- und Oberbayern avancierte die Burg zu Landshut zur Hauptresidenz und zum Verwaltungsmittelpunkt in Niederbayern.

(1456–1501), die sich mit Kurfürst Philipp von der Pfalz vermählte.

In (Nieder)-Bayern mit dem Hauptort Landshut, das um einiges größer als (Ober-)Bayern-München, jedoch nicht identisch mit dem heutigen Niederbayern war, regierten im 15. Jahrhundert die sogenannten »Reichen Herzöge«: Heinrich XVI. (reg. 1393–1450), Ludwig IX. (reg. 1450–1479) und Georg (reg. 1479–1503).

Herzog Heinrichs Fürstentum umfasste etwa zwei Drittel der bayerischen Lande, von der Iller bis zur Salzach, von der Donau bis hinein ins Tirolerische. Seit 1450 war dieses weitläufige Territorium mit seinem ergiebigen Bauernland sowie zahlreichen Märkten und Städten in fünf Rentmeisterämter eingeteilt, die eine straffe Verwaltung ermöglichten. Landshut als Hauptstadt des Herzogtums überragte bereits im 14./15. Jahrhundert wegen seiner prächtigen Bauten und des politischen Einflusses der »Reichen Herzöge« die anderen bayerischen Residenzorte.

»Reich« bedeutet in diesem Zusammenhang nicht bloß das Gegenteil von arm, sondern zugleich auch groß und mächtig. Vor allem Ludwig, der Vater Georgs und Schwiegervater Hedwigs, wurde als mächtiger Herzog charakterisiert, weil er neben Bayern-Landshut auch das Land der Wittelsbacher Linie Bayern-Ingolstadt geerbt hatte. Der Chronist Burkhard Zink beschrieb ihn als »der mechtigst und der reichest herr in allen teutschen landen« und der Chronist Füetrer bezeichnete ihn als der »grosmächtige hertzog«. Zugleich wurde aber auch von einem ungeheuren Schatz, sicher verwahrt auf der Burg zu Burghausen, erzählt. Die Reichen Herzöge von Bayern-Landshut bezogen ihren finanziellen Reichtum hauptsächlich aus dem fruchtbaren Bauernland Niederbayerns und aufgrund einer funktionierenden Verwaltung, die Abgaben und Steuern eintreiben konnte.

Herzog Heinrich, Georgs Großvater, führte ein straff organisiertes, manchmal furchterregendes, oft auch geiziges Regiment, hielt überwiegend Frieden im Land und häufte so einen großen Schatz an. Von ihm wird berichtet: Er »samet groß schätz, ... der den turn zu Purckhawswn voller gulden hat.« (Er sammelt große Schätze an, ...<und hat> den Turm zu Burghausen voller Gulden.) Dieser sagenhafte Schatz soll aber auch die Pretiosen und Kleinodien des Ingolstädter Herzogs Ludwig, genannt der Bärtige oder der Gebartete, beinhaltet haben.

Herzog Ludwig, Georgs Vater, hingegen gab viel Geld mit vollen Händen aus, um seine Macht zu demonstrieren. Auch seine Kriege verschlangen einen Gutteil des angehäuften »Schatzes«. Dennoch galten die Landshuter Herzöge weiterhin als reich, denn Georg, Hedwigs Gemahl, häufte wiederum einiges an, da er eine vor allem in finanziellen Belangen strenge Herrschaft ausübte. Auf diese Weise nahm der Staatsschatz in Burghausen wieder zu. Das Herzogtum (Nieder-)Bayern-Landshut gehörte somit zu den finanzstärksten Territorien im Reich, neben den Kurfürstentümern Sachsen, Brandenburg und der Pfalz.

PÄPSTLICHE EHE-ERLAUBNIS

Da das Brautpaar miteinander verwandt war, benötigten sie zur Eheschließung eine päpstliche Erlaubnis. Wenn auch die Verwandtschaft eher weitläufig war – Hedwigs Großvater mütterlicherseits, König Albrecht II., und Georgs Großmutter väterlicherseits, die Habsburgerin Margarethe, waren Geschwister. Dennoch musste ein Dispens eingeholt werden.

Die Reichen Herzöge und ihre Schätze

Walter Ziegler schreibt 1982 über die Bedeutung des Beinamens »reich«: »Faßt man zusammen, so kann man wohl behaupten, daß die Herzöge Heinrich und Georg, Großvater und Enkel, von denen der erste nur selten, der letztere zwar öfter, oft aber in abschätziger Form den Namen eines Reichen/Dives erhielt, tatsächlich zu denjenigen Fürsten ihrer Zeit gehörten, die nicht nur gewaltige Schätze aufgehäuft hatten, sondern diese als Ergebnis eines wohlgelungenen, ja großartigen Staatsaufbaus nach innen wie nach außen vorweisen konnten, während Ludwig der Reiche, mit welchem Beinamen ihn übereinstimmend oft Chroniken und Geschichtsschreiber bezeichnen, ein Vertreter jener prachtliebenden Generation spätmittelalterlicher Fürsten war, die, wie die Burgunderfürsten am Rhein, die Schaustellung der Größe ihres Reichtums, damit auch dessen Verschwendung, als wesentliches Zeichen ihrer Macht und der Macht ihres Landes ansahen.«

Wo diese Reichtümer aufbewahrt wurden, erläutert die Bayerische Verwaltung der staatlichen Schlösser, Gärten und Seen auf www.burg-burghausen.de: »Der Überlieferung nach verwahrten die Reichen Herzöge ihren Staatsschatz im alten romanischen Bergfried, der 1482 einstürzte. 1484 ließ Georg der Reiche ein Gebäude unmittelbar an die südliche Schmalseite der Dürnitz anbauen, das aus einem einzigen Raum mit Netzgewölbe, vergitterten Fenstern und schwerer eisenbeschlagener Tür besteht. Er diente offenbar als neue Schatzkammer. Das Baudatum überliefert die eingehauene Jahreszahl am Eingang über der Tür.«

Herzog Ludwig schickte seinen juristisch versierten Ratgeber Dr. Friedrich Mauerkircher nach Rom, der vom polnischen Kanzler in dieser diplomatischen Angelegenheit begleitet und unterstützt wurde. Papst Sixtus IV. erteilte dann am 26. Mai 1475 die Erlaubnis zur Eheschließung mit den Worten: »... Um

Das Brautpaar: Herzog Georg der Reiche von Bayern-Landshut und Herzogin Hedwig, geborene Königin von Polen (Glasfenster im Landshuter Rathaus, 19. Jh.)

das Wohlwollen und die gegenseitige Liebe zwischen den Brautleuten und ihren Eltern, Verwandten und Verschwägerten zu bewahren, sind Georg und Hedwig bereit, die Verträge, Schriften, Bestimmungen und Versprechen, die, wie oben steht, durch Kasimir und Ludwig im Auftrag Georgs und Hedwigs oder in deren Namen im Zusammenhang mit dem Ehevertrag vereinbart wurden, treu zu befolgen und beide wünschen gemeinsam ehelich vereinigt zu werden … Deshalb wurde an uns von Seite des Königs Kasimir und des Herzogs Ludwig sowie des Sohnes Georg und der Tochter Hedwig die demütige Bitte gerichtet, wir möchten aus apostolischer Güte für Georg und Hedwig in dieser Angelegenheit uns um die Gnade einer günstigen Erlaubnis kümmern. / Da wir uns um alle Menschen und besonders um die Vorteile von Königen und Fürsten zumal von katholischen, in Wohlwollen und Güte kümmern, gestatten und befehlen wir mit diesem apostolischen Schreiben … deiner (gemeint ist der Bischof von Regensburg) Brüderlichkeit, zu der wir auch sonst in Gott besonderes Vertrauen haben: Wenn es sich so verhält und wenn Hedwig nicht zu diesem Zweck geraubt ist, mögest du mit kirchlicher Vollmacht Georg und Hedwig die Erlaubnis gewähren, die Ehe zu schließen, wie wenn das Hindernis der Verwandtschaft nicht bestünde, und nach Abschluss der Ehe frei und erlaubter maßen in diesem Stand zu bleiben: Die aus dieser Ehe hervorgehende Nachkommenschaft ist für legitim zu erklären.«

Obwohl Heiraten in fürstlichen Kreisen eher politische Gründe hatten, wird in diesem Schriftstück doch auf die »gegenseitige Liebe« der Brautleute, die sich allerdings zu dieser Zeit noch nicht kannten, hingewiesen. Auch auf die freie Entscheidung der Braut, die geplante Ehe einzugehen, wurde Wert gelegt. So heißt es in dem päpstlichen Dokument ausdrücklich, die Eheerlaubnis gelte nur, »… wenn Hedwig nicht zu diesem Zweck geraubt« sei.

Der Dispens war vor allem auch deshalb wichtig, damit die Kinder, welche aus der Ehe zwischen Hedwig und Georg hervorgehen würden, unzweifelhaft legitim und damit erbberechtigt waren. Mit diesem päpstlichen Schreiben wurde schlussendlich ein großes Ehehindernis beseitigt, und die 300 Goldgulden, welche die Reise zum Papst gekostet hatte, vermutlich inklusive der sogenannten Handsalben (Bestechungsgelder), die in Rom die Türen schneller öffneten, waren gut angelegt.

Ehe im späten Mittelalter

Seit dem 13. Jahrhundert kristallisierte sich ein »christliches Ehemodell« heraus, das die lebenslange und monogame Ehe festschrieb. Die Eheschließung zwischen Mann und Frau sollte dabei auf einem »Konsens« bestehen – das heißt nicht unbedingt auf Zuneigung, aber zumindest auf Zustimmung. In der autoritären Realität hatte allerdings die Freiheit der Willensentscheidung wenig bis gar keinen Platz; weiterhin wurden die Ehen von Vätern und Müttern für ihre Kinder arrangiert. Dabei wurde der Status der Frau bzw. Ehefrau auf ihre Rolle an der Seite ihres Ehemannes, als Hausfrau und Mutter seiner Kinder, reduziert. Da die junge Ehefrau der ›Patrilokalität‹ unterworfen war – das bedeutete den Umzug aus ihrer Familie und Heimat in die Familie und den Wohnort des Ehemannes –, wurde sie oftmals dort als Fremde angesehen. Damit büßte sie zugleich ihre vertraute Umgebung und ihre gewohnten sozialen Kontakte ein. Dennoch wurde ganz allgemein die Vorstellung geteilt, dass Ehe und Familie die beste aller Lebensweisen für die Frauen seien. Daher versuchte man die jungen Frauen so früh wie nur möglich unter die Haube zu bringen: Mit zwölf bis fünfzehn Jahren war ein Mädchen damals bereits »ehetauglich«.

Die Ehe selbst war nicht partnerschaftlich und gleichberechtigt, sondern in ihr bestimmte der Mann, und die Frau hatte zu gehorchen und sich unterzuordnen. In vielen gesellschaftlichen Schichten herrschte die Auffassung vor, dass der Ehemann, oftmals Eheherr genannt, eine Machtposition innehabe und ein Kontroll- bzw. Züchtigungsrecht besitze. Auch die Kirche machte in ihren Rechtsvorstellungen den Ehemann zum Haupt seiner Frau. Zugleich war die Ehe der rechtmäßige Ort für das Ausleben der Sexualität, welche jedoch dazu dienen sollte, legitime Kinder in die Welt zu setzen. Daraus erwuchs, vor allem in der Oberschicht und in der adeligen Gesellschaft, der

Zwang zur Erziehung tugendhafter Töchter und zur Kontrolle des Schoßes der Ehefrau.
An den großen Fürstenhöfen Europas setzte sich allmählich für Frau und Mann – das heißt für Fürstin und Fürst – eine getrennte Haushaltsführung bzw. Hofhaltung (nicht unbedingt an verschiedenen Orten) durch. Ein eigener Hofstaat, eigene Bedienstete und Räumlichkeiten wurden üblich. Das adelige Eheleben zeichnete sich daher oftmals durch geringe Intensität aus. Eine große Zahl dieser Ehen dauerte nur etwa zehn bis fünfzehn Jahre, da die Ehefrauen häufig bei Geburten starben. Ihre Witwer verheirateten sich bald wieder, auch zur Versorgung ihrer oftmals noch unmündigen Kinder bzw. um weitere legitime Nachkommen zu erhalten; vor allem in der Adelsgesellschaft galt es, legitime Erben, sprich: Söhne in die Welt zu setzen. Dies war die vorzüglichste Aufgabe der Ehefrau.

3 Mit »gaudio et pompa«

ÜBERGABE DER BRAUT

Die gemeinsame Übergabevereinbarung vom 1. Januar 1475, die im Geheimen Hausarchiv des Bayerischen Hauptstaatsarchivs zu München aufbewahrt wird, zeigt die Siegel König Kasimirs IV. von Polen und Herzog Ludwigs, der mit seinem vollen offiziellen Titel genannt wird: »Ludwig, durch die Gnade Gottes Pfalzgraf bei Rhein und Herzog von Ober- und Niederbayern.« In der auf Latein ausgefertigten Urkunde wurde festgelegt: »Durch ein Geschenk Gottes wurde ein ehelicher Bund zwischen uns und der durchlauchtigsten Jungfrau Hedwig, der ältesten Tochter des Königs, einerseits und Georg, dem Sohn des Herzogs Ludwig von Bayern, andererseits vereinbart und abgeschlossen. Diese Eheverbindung soll vollzogen werden. / Daher versprechen wir, der erwähnte König Kasimir, ehrlicher Weise, dass wir die erwähnte Jungfrau Hedwig, unsere ältere Tochter, auf unsere Kosten und mit unserem Geleit demnächst, nämlich im Jahr 1475, am Tag der heiligen Hedwig (= 16. Oktober), in die Stadt Wittenberg im Herzogtum Meißen geleiten und sie mit geziemender Ausstattung dem sogenannten durchlauchtigsten Herzog Georg oder seinen Gesandten wirklich übergeben werden. Georg, unser Schwiegersohn, oder seine Gesandten werden sie am genannten Ort und Tag von unseren Boten und Gesandten übernehmen und auf eigene Kosten in eine von ihnen gewünschte Gegend führen.«

Näheres hielt der polnische Geschichtsschreiber Długosz (Dlugosch) fest: »Am Feste der Kreuzerhöhung, einem Samstag, brach er (= König Kasimir) dann mit der Königin Elisabeth von Krakau auf und gelangte über Miechow ... und andere Orte nach Posen. Als er sich hier aufhielt, trafen erneut Boten des Bayernherzogs ein, die auf eine Beschleunigung des Brautzuges drängten. So reiste denn die erlauchte königliche Prinzessin Hedwig am Montag, den 10. Oktober, unter dem Geleit ihrer Eltern und Geschwister sowie einer großen Volksmenge heil und wohlbehalten mit ihrem ganzen Gefolge ab.«

In Posen nahm Hedwig dann Abschied von ihrer Familie. Hohe Würdenträger, zahlreiche Hofleute und Damen der Adelsgesellschaft, wie Anna, die Witwe des Herzogs von Teschen, und Dorothea, die Witwe des polnischen Reichskanzlers, begleiteten die Braut weiterhin. Der Chronist berichtet: »Unter ihrem glanzvollen Geleit gelangte die Prinzessin zuerst nach Wittenberg, wo sie von den Freiherren und Edelleuten des Bayernherzogs in Empfang genommen wurde.«

Der Brautvater hatte großen Aufwand getrieben, um den Brautzug sowie die Mitgift üppig, ja verschwenderisch auszustatten. In vier großen Kisten waren Kleinodien, andere Wertgegenstände und Hedwigs kostbare Kleidung aus Pelzen, rotem Damast, Perlen und Goldstickereien verpackt. Angeblich soll König Kasimir für den Brautzug seiner Tochter über 100 000 Gulden aufgebracht haben.

Am 23. Oktober 1475 und nicht am 16. Oktober, dem vereinbarten Tag der hl. Hedwig, kam der Brautzug in Wittenberg an, wo die Braut von den Abgesandten ihres Bräutigams bereits ungeduldig erwartet wurde. Die Landshuter Delegation, angeführt von Pfalzgraf Otto von Mosbach sowie den Landgrafen Ludwig und Friedrich von Leuchtenberg, begleitet von Dr. Friedrich Mauerkircher, war bereits am 13. Oktober im Wittenberger Schloss eingetroffen. Die Braut kam also erst sieben Tage später und wurde im Beisein der »alten Frau« von Sachsen, der Kurfürstinwitwe Margarethe und Großmutter des Bräutigams, sowie des »jungen Fräuleins« von Sachsen, der Tochter des Kurfürsten Ernst von Sachsen und Enkelin von Margarethe, sowie ihrer polnischen Begleitung der Landshuter Abordnung zugeführt. Während dieser Zeremonie der Übergabe hielt Dr. Mauerkircher eine »zierliche« lateinische Rede, wie es heißt, die für Hedwig von einem polnischen Gelehrten übersetzt wurde.

Durch die Übergabe der Braut ging nun die Verantwortung für die polnische Prinzessin und ihr Gefolge in die des zukünftigen Ehemannes über. Allerdings war der Bräutigam bei dieser wichtigen Rechtshandlung nicht anwesend. Dass nun Herzog Georg seine Braut nicht persönlich in Empfang nahm,

Hedwigs Aussteuer

Erste Kiste
6 Mäntel, davon drei mit eingewebtem Gold, drei von Damast und einer von Atlas
5 Röcke mit eingewebtem Gold bzw. Damast oder Atlas
3 Kleidungsstücke von Zobel, Hermelin oder eingewebtem Gold

Zweite Kiste
1 Pelz von Hermelin
7 Marderpelze
6 Zobelpelze
5 Schauben unterzogen mit Zobel (= mit Zobel gefütterte Kurz-Mäntel)
8 weitere Pelze
3 unbearbeitete Pelze

Dritte Kiste
8 Paar Ärmel
Bettbezüge und Decken
7 Seidenteppiche
50 Seidentücher

Vierte Kiste
13 Marderpelze
4 Mäntel
2 Schauben (= Überröcke/Kurzmäntel)

Zudem

Bettzubehör (von Taft, Damast, eingewebtem Gold) und Wäsche:
15 Kissen
1 Himmelbett
2 Federbetten
4 Kissenbezüge
Deckenbezüge
12 Decken
Weitere Decken, Schürzen, Tücher

Silbergerät, z. T. vergoldet:
10 Schüsseln
4 Waschbecken
2 Leuchter
30 Löffel
viele Messer
20 Weinbecher
2 Blumenvasen
2 Konfektdosen
21 Kannen
14 Halsketten
14 Halsbänder

Außerdem:
27 Tischtücher
54 Handtücher
1 Stuhlkissen
20 Pferde an den Schatzwägen
16 Pferde an anderen Wägen

(aus dem Aussteuerregister, Geheimes Hausarchiv München, zit. nach Dorner, S. 40–42)

Margarethe von Österreich, Kurfürstin von Sachsen, Großmutter von Herzog Georg, als Witwe genannt die »alte Frau von Sachsen«, nahm Hedwig in Wittenberg in Empfang.

was dem Brautvater erst kurz vorher mitgeteilt worden war, hatte König Kasimir verärgert, der eine Verletzung des Ehevertrags gewittert und deshalb Hedwigs Eintreffen in Wittenberg verzögert hatte. Diesbezüglich hielt der Chronist Seybolt fest: »Und wiewol inn der Abrede des Heyrats ... beschlossen was, das derselbig könig die benannten frawn hedwig auf Sanndt Hedwigen tag als hienvorstet gein wittenberg anttwurtten sollt, yedoch hätt er das ettlich täg verzogen ursachenhalben, das er gernn gehabtt, das mein genediger Herr Hertzog Jörig die genanten frawen Hedwigen sein Gemahel selbs persöndlich zu wittenberg angenomen hette.« (Und obwohl in der Heiratsvereinbarung ... beschlossen worden war, dass derselbe König die genannte Frau Hedwig auf den Sankt-Hedwigs-Tag bis nach Wittenberg gebracht haben sollte, hätte sich dies jedoch etliche Tage verzögert, weil er es gern gehabt hätte, dass mein gnädiger Herrr Herzog Jörg, die genannte Frau Hedwig, seine Gemahlin, persönlich in Wittenberg in Empfang genommen hätte.)

Die Brautübergabe war eine rechtliche Handlung, denn damit ging Hedwig aus der Hand des Vaters in die Hand des Gatten über, also in die Vormundschaft bzw. Verfügungsgewalt des Ehemannes über seine Ehefrau.

EMPFANG DER BRAUT

Nach etwa zwei Monaten beschwerlichen Reisens kamen Braut und Gefolge, darunter Edelfrauen, Schatzmeister und Beichtvater, Diener und Trompeter sowie 620 Pferde, endlich am 14. November 1475 in Landshut an. Aufgrund eines Pestausbruchs hatte man nicht den kürzeren Weg von Wittenberg über Weiden und Regensburg genommen, sondern den weiteren über Nürnberg, und erreichte die Herzogsstadt daher mit einer Woche Verspätung.

In einer Herberge zu Moosburg hatte Hedwig die Nacht verbracht, ehe sie und ihr Geleitzug tags darauf in Landshut eintrafen. An diesem Morgen schickte man der Braut, wie der Markgrafenschreiber festhielt, »etliche Fürsten entgegen, die sie im Felde empfangen sollten. Es waren dies des Kaisers Sohn, der junge Pfalzgraf, Herzog Christoph, Herzog Hanns von Neumarkt, der junge Graf von Württemberg, der Bischof von Eichstätt und der Bischof von Freising. (...) Wie nun die Königin nahe heran kam, da stiegen die Fürsten vom Pferde und mit ihnen einige ihrer Herren und Edelleute und gingen zusammen hin zu dem Wagen der Königin. (...) Es saß aber die Königin in einem güldenen Wagen und trug eine Schaube (= Überrock) in Gold und hatte sich tief mit einem Tuche unter den Augen verbunden. Sie blieb im Wagen sitzen und bot daraus ihre Hand und verneigte sich vor den Fürsten. Diese bückten sich gar tief.« Nach der Begrüßung geleiteten die jungen Fürsten die Braut samt Anhang Richtung Landshut.

Gar prächtig war der Zug der Braut anzusehen. Der goldene Wagen Hedwigs war mit vier geschnitzten und vergoldeten Löwen verziert, »die in den Klauen Schilde hatten, worin mit Farben und Schnitzereien das Königreich Polen dargestellt war«. Ihrem Wagen folgte das Gefährt der kürfürstlichen Witwe von Sachsen, und danach kam der ebenso verzierte Wagen der »Jungfrauen«. Hedwigs Wagen zogen »acht weiße große Wagenpferde« mit rotem Pferdegeschirr, die von zwei reitenden Knechten gelenkt wurden. Rechts des Brautwagens ritten die adeligen Herren, die Hedwig in Wittenberg abgeholt hatten, und an der linken Seite ritten die polnischen Herren, die »teils kurze Röcklein aus Goldstoff, teils seidene« trugen. »Einer unter ihnen, der trug einen kurzen Rock, ganz mit Perlen bestickt, und hatte eine hohe Haube voll schöner Perlen auf dem Haupte«. Der am kostbarsten Gekleidete ritt vor dem Wagen Hedwigs, flankiert von zwei Herren. Er trug einen Reitrock aus Goldstoff sowie einen »dick mit Seide umwundenen« Hut. Die Decke und das Geschirr seines Pferdes waren mit Perlen bestickt. Er und seine zwei Begleiter hatten seitlich Schwerter in silbernen und vergoldeten Scheiden, deren Gehänge fast die Erde berührten. Mehrere wohlausgestattete »Knaben« ritten der Königin voraus, darunter »vier Litauer auf kleinen Pferden«, die in rot-goldene Gewänder gehüllt waren, »gekleidet wie die Türken mit Köcher und Bogen und anderen türkischen Geräten ausgestattet. Vor Hedwigs Wagen ritten je zwei und zwei zahlreiche polnische Herren.«

So zog die polnische Königstochter der Stadt entgegen. Auf einer Wiese (»Wiesmahd«) vor der Stadt Landshut nahe der Isar wurde sie offiziell begrüßt. Die hohen Herren samt Kaiser Friedrich III., der ebenfalls unter den Hochzeitsgästen war, hatten sich ringartig gruppiert. Innerhalb des Rings befand sich Herzog Georg, der Bräutigam, auf einem Rappen sitzend, gekleidet in den Hoffarben braun, weiß und grau. Der Chronist vermerkte zudem: »Der linke Ärmel (des Bräutigams) war

Kleiderordnungen

Seit dem 14. Jahrhundert bis hinein in die Zeit der Aufklärung (18. Jahrhundert) wurden in den deutschen Territorien immer wieder Kleiderordnungen erlassen. Diese schrieben den Menschen je nach sozialem Stand die zulässige Bekleidung und den erlaubten Schmuck vor. Dabei wurden genau der Stoff, die Farbe des Gewandes und die Accessoires je nach Gesellschaftsschicht und Geschlecht festgelegt. Ein Stadtbürger bzw. eine Stadtbürgerin durfte demnach teurere Materialien verwenden als ein Bauer oder eine Bäuerin. Verstieß man dagegen, hagelte es empfindliche Strafen.

Die unterschiedliche Kleidung diente dazu, sowohl Verschwendungssucht einzudämmen als auch die gesellschaftliche Hierarchie nach außen hin deutlich zu machen. Zudem mussten manch kostbare Stoffe – wie Seide, Damast, Goldbrokat, Samt, Spitze – sowie Edelsteine häufig eingeführt werden, und die Obrigkeiten fürchteten daher einen zu starken Geldabfluss ins Ausland.

Bei Vorschriften für einzelne Personengruppen spielten allerdings auch moralische oder religiöse Einstellungen bzw. soziale Ausgrenzungen eine Rolle. So trugen Prostituierte Gelb und Juden mussten einen spitzen Hut aufsetzen.

Spezielle Vorschriften gab es hinsichtlich der Verwendung von Pelzen. Dabei wurde genau festgelegt, wer welchen Pelz tragen durfte, ebenso die Art bzw. der Reichtum des Pelzbesatzes und des Pelzinnenfutters. In einer Verordnung von 1530 wurde dazu beispielsweise bestimmt: Bürger des Stadtrates und Patrizier durften Rückenmarder verwenden, wohingegen ihren Frauen nur Eichhörnchenfell (Feh) gestattet war. Handwerker trugen hochwertiges Lammfell, Fuchsfell und Iltisfell, wohingegen Bauern und Tagelöhner sich mit schlechterem Lammfell und Ziegenfell begnügen mussten.

mit Perlen bestickt. Es waren sehr große Perlen zu einem Reim gefügt, der da also lautete: ›In Ehren liebet sie mir‹.«

In der Chronik des Markgrafenschreibers dominiert die Beschreibung der prächtigen Kleidung des Brautpaars und seiner hohen Gäste. Diese wechselten ihre Gewänder je nach Zeremonie oder Festakt und stellten damit Glanz, Macht und Stand der Trägerin bzw. des Trägers dar.

»Als sich nun die Königin auf einen Steinwurf weit dem Ringe genähert hatte«, so berichtet der Markgrafenschreiber weiter, »da stiegen der Kaiser und die anderen Fürsten von den Pferden. Herzog Ludwig hob man vom Wagen herab. Er konnte nicht stehen und gehen. Vier seiner Diener mußten ihn unter den Armen stützen und ihn der Königin entgegenführen, während die anderen Fürsten ihr entgegengingen.« Der Kaiser schritt in der Mitte der Fürsten, an seiner Seite der Bräutigam. Inzwischen hatten die polnischen Herren Hedwig und ihre Damen aus den Wagen gehoben, und alle bewegten sich aufeinander zu.

Zur Begrüßung neigte Kaiser Friedrich III. sein Haupt vor der »geborenen Königin Polens«, wie Hedwigs polnischer Titel lautete, und diese neigte wiederum ihr Haupt vor dem Kaiser. Die begleitenden Fürsten beugten Kopf und Knie, wohingegen Hedwig, gemäß der Etikette, bloß ihr Haupt dankend senkte. Daraufhin hielt Markgraf Albrecht eine »gar schöne Rede« und meinte, dass Gott bei der Zusammenführung des Brautpaares die Hand im Spiel gehabt habe, und endete mit dem Wunsch, dieser Ehebund solle »der Christenheit und dem Reich« ein »Nutz« sein. Höchstwahrscheinlich spielte er dabei auf die politische Dimension der Hochzeit an, denn Hedwigs Heimatland Polen wurde als Bollwerk gegen die Türken angesehen.

EHESCHLIESSUNG

Nach der Begrüßungszeremonie bestiegen alle wieder ihre Wagen und Pferde und geleiteten die »Königin« in die Stadt hinein bis zur Kirchentür von St. Martin. Vor dem Portal wurde Hedwig von ihrer Schwiegermutter Herzogin Amalie sowie

Hedwigs Schwiegereltern: Herzogin Amalie von Sachsen und Herzog Ludwig der Reiche von Bayern-Landshut (Glasfenster aus dem 19. Jh. im Landshuter Rathaus)

von anderen hohen Damen empfangen und von ihnen in eine Nebenkapelle geführt. Dort wurde sie als Braut geschmückt: »Sie entblößten ihr Haupt und setzten ihr eine Krone von Heftlein (= angesteckte Edelsteine) mit einem Schläfen-Tuch auf. Auch legten sie ihr auf das bloße Haar eine gar schöne breite, mit Perlen geschmückte Borte auf, denn sie hatte nur einen Zopf. Nachdem die Jungfrauen die Königin nach ihrer Landessitte geschmückt hatten, führten sie sie zu dem hohen Altar hinauf.«

Der Schreiber des Markgrafen war von der Schönheit der Braut begeistert: »Sie ist sehr hübsch und dazu aufrecht und

Brautkrone

Herzogin Hedwig folgte einem alten Brauch und ließ ihre Brautkrone umarbeiten als Votivgabe für die Madonna in der Burgkapelle von Burghausen. Die Krone, bestehend aus feinen Silber- und Goldarbeiten, welche Edelsteine und Perlen umfassten, wurde 1720 restauriert und befand sich noch bis Mitte des 19. Jahrhunderts in der Burghauser Schlosskapelle. »Als man ... anfing, barocke Votivgaben aus den Kirchen zu entfernen und 1859 der Hochaltar der Kapelle erneuert wurde, veräußerte das katholische Dekanat die Krone und sie kam in Burghauser Privatbesitz. Kurz darauf, im Jahr 1861, erwarb sie der Passauer Juwelier August Vara, der sie zehn Jahre behielt und am 10. August 1871 mit notarieller Beurkundung der Stadt Passau vermachte ... Obgleich die ... Ergänzungen aus späterer Zeit stammen, haben neuere Untersuchungen anlässlich einer gründlichen Restaurierung ergeben, dass ein Teil des Schmucks zweifellos dem 15. Jahrhundert zugehört ...«

(Georg Spitzlberger, Das Herzogtum Bayern-Landshut und seine Residenzstadt, S. 29).

lieblich von Angesicht. Sie sieht gar offen aus ihren Augen, die so erhoben sind, daß sie sehr frei stehen. Sie hat über die Maßen schöne Hände, sehr schmal mit langen kleinen (= schlanken) Fingern, und auch gar schöne kleine (= schlanke) Arme, Sie hat ein gar gute Gestalt und wenn sie sich nach deutscher Landessitte kleidet, so wird sie eine wohlgestaltete und gar schickliche Fürstin sein. Ihre Gebärden sind züchtig und fürstlich.«

Auf den Altarstufen wurde Hedwig von ihrem Bräutigam sowie dem Kaiser samt anderen Fürsten und Fürstinnen erwartet. Diese fungierten wohl als Zeugen der Vermählung. Der Bischof von Salzburg traute das junge Herzogspaar. Während der kirchlichen Zeremonie weinte Hedwig sehr, ebenso auf dem Weg von der Kirche zu ihrer Herberge. Dabei hielt sie »ihr Haupt gesenkt«, so dass das Schläfentuch ihre Augen und fast ihr ganzes Gesicht verdeckte.

Das Glasfenster in St. Martin aus den 1950er-Jahren zeigt die Vermählung Hedwigs und Georgs. Der Erzbischof von Salzburg vollzieht die Trauung und als Zeuge steht rechts Kaiser Friedrich III. Über dem Brautpaar schwebt ein Spruchband mit dem Motto »In Eren liebt«.

Die 18-jährige Braut weinte wahrscheinlich nicht nur einem unbekannten Schicksal entgegen, sondern auch vor Aufregung und Erschöpfung. Zumindest durfte sie nun bis zum abendlichen Tanz ruhen, sich erfrischen und umziehen.

BEILAGER, MORGENGABE UND HOCHZEITSGESCHENKE

Der erste Tag der Hochzeitsfeierlichkeiten endete mit dem Beilager des jungen Paares. Erst das Liegen der Brautleute nebeneinander im Ehebett in Anwesenheit von Zeugen machte die Trauung und Eheschließung rechtskräftig, da nur mit der körperlichen Vereinigung die Ehe vollzogen war. Dies geschah unter Zeugen, wenn auch zur damaligen Zeit wohl mehr symbolisch. Der eigentlichen Kopulation wohnte dann niemand mehr bei, wie es in früheren Zeiten oftmals noch üblich gewesen war. Nachweislich seit dem 16. Jahrhundert wurden die Frischvermählten von einigen Hochzeitsgästen ins Schlafgemach begleitet und angezogen ins Bett gesetzt. Von anderen Hochzeiten im Spätmittelalter wird überliefert, dass sich die Brautleute unter Zeugen ins Bett legten, worauf über sie eine Decke gebreitet wurde. Dann ließ man sie allein.

Wie es nun bei der Landshuter Hochzeit gehandhabt wurde, erfahren wir aus dem Bericht des Markgrafenschreibers, in dem Hedwig immer mit ihrem offiziellen polnischen Titel als geborene »Königin« bezeichnet wird: »Nachdem die Fürsten alle, desgleichen einige Herren … getanzt hatten, ging der Bräutigam hin zu seinem Gemach, von wo eine Türe auf den Tanzsaal führte, in das Haus, wo man die Brautleute zusammenlegte. Es gingen mit ihm des Kaisers Sohn, der Pfalzgraf, der junge Markgraf, Herzog Albrecht und andere. / Hernach tanzte man vielleicht noch vier oder fünf Tänze, dann führte man die Braut, die Königin, auch in das Gemach, wohin Herzog Jörg (= Georg) gegangen war. Es führten sie der Kaiser und Herzog Otto. Die anderen Fürsten gingen auch mit und führten die übrigen Fürstinnen … / Man sagte mir, das Bett wäre mit gar köstlichen goldenen Stoffen bezogen gewesen, ebenso die Decken sowie auch die Pfühle (= weiche Polster) und Kissen. / Herzog Ludwig stand oben auf der Empore in einem Gang. Seine Herren und Diener standen bei ihm und hatten viele Kerzen droben bei sich. Als man die Braut hineinführte, da ließ er sich auch in das Gemach führen, in welchem man die Brautleute zusammenlegte.« Was weiterhin im Brautgemach geschah, darüber schweigen die Chronisten.

Am nächsten Tag wurde Hedwig die Morgengabe ausgehändigt, dabei vertrat Markgraf Albrecht den Bräutigam. »Er schenkte der Königin ein Schächtelein, worin sich ein Halsband befand, und außerdem zehntausend ungarische Gulden. Da tat Markgraf Albrecht eine gar schöne Rede im Namen des Bräutigams und führte aus, daß sie die Gabe nicht als Morgengabe, sondern vielmehr als eine Gabe aus Liebe und Freundschaft betrachten solle, durch die sie seiner Liebe und

Freundschaft inne werden solle. Er wolle sie lieb und wert halten wie eine liebe Gemahlin.«

Da die Überreichung der Morgengabe zum offiziellen Hochzeitsprogramm gehörte, ließ Hedwig sich die Rede in ihre Landessprache übersetzen und erwiderte, »sie wolle alles tun, was ihm (dem Bräutigam) lieb wäre; sie nehme die Gabe in gar großer Liebe und Freundschaft an und wolle ihrerseits tun, was ihm lieb wäre. Sie wolle sich ganz nach seinem Willen verhalten, sofern sie ihn wüßte und (ausführen) könnte. Er solle ihr auch der allerliebste in ihrem Herzen sein und wenn ihm etwas an ihr mißfalle, so solle er dies ihr zu verstehen geben; sie wolle es dann gerne lassen, zumal dies ihr Herr Vater und auch ihre Frau Mutter ernstlich befohlen und geboten hätten. Sie wolle dem auch gerne nachkommen. Mit diesen und anderen schönen Reden entgegnete der polnische Herr im Namen der Königin den Fürsten.«

Danach überreichten die Fürsten, die Städte und alle anderen ihre Hochzeitsgeschenke. Nur der Kaiser hatte kein Präsent vorgesehen. Später überreichte der Graf Hag von Werdenberg im Namen des Kaisers der Braut jedoch noch ein kostbares »Heftlein« (eine Art Brosche). Diese ganze Schenkungszeremonie zog sich bis zehn Uhr vormittags hin, erst danach gingen alle zum Gottesdienst in die Kirche.

KIRCHGANG UND HOCHZEITSMAHL

Angeblich ritten an die hundert Trompeter und Pauker am zweiten Tag der Hochzeit dem Brautzug zur Kirche voran und machten dabei, gemäß dem Chronisten, im Gotteshaus ein gewaltiges »Getön«.

Ein langer Hochzeitszug hatte sich formiert: »Beim Kirchgang schritten vor dem Bräutigam zweiunddreißig ehrbare Männer. Es waren auch Ritter darunter. Von ihnen trug ein jeder ein großes in braun, weiß und grau gefärbtes Stab-Licht (Wachs-Fackel). Die Herren, welche die Lichter trugen, waren auch in dieselben Farben gekleidet. Die Kleider hatten mit Perlen bestickte Ärmel. Nach den Fackelträgern gingen unmittelbar vor dem Bräutigam gar viele Trompeter. Ihnen folgte der

Bräutigam«, heißt es in dem Bericht des Markgrafenschreibers. Neben Georg schritten rechts Markgraf Albrecht, links Herzog Sigmund von Österreich, und hinter ihm gingen Grafen und Herren, denen dann die Braut mit den Bischöfen folgte. Vor Hedwig wurden ebenfalls Fackeln getragen, dann folgten Trompeter und Pfeifer. Der Kaiser führte die Braut an der rechten Hand, und ihr zur Linken schritt Herzog Otto. Hinter Hedwig ging »das junge Fräulein von Sachsen« in Begleitung des Pfalzgrafen und des jungen Markgrafen. Danach folgte die Pfalzgräfin mit dem »jungen Kaiser« (Maximilian) und Herzog Albrecht an ihrer Seite. Ihnen schloss sich die Gräfin von Württemberg mit dem Markgrafen von Baden und Herzog Hans von Neumarkt an. Jetzt erst folgte »Herzog Ludwigs hohe Frau«, Hedwigs Schwiegermutter Amalie, die von Herzog Wolfgang und Landgraf Ludwig geleitet wurde. Ihnen schlossen sich die Markgräfin mit dem Grafen von Württemberg und Graf Otto von Henneberg, die Witwe des Kürfürsten von Sachsen mit Herzog Christoph und »einem ihrer Herren« sowie die Landgräfin von Leuchtenberg mit den Gräfinnen von Rieneck, Hanau und Öttingen samt zahlreichen anderen Gräfinnen und Herrinnen an. Ein »besonders vornehmer Pole« ritt an der Spitze des ganzen Zuges, dem »viele Polen zur Seite schritten«. In dieser Reihenfolge nahm die gesamte Gesellschaft Platz in dem mit rotem Samt bezogenen Kirchengestühl. Der Salzburger Bischof zelebrierte die Messe.

Danach setzte sich der Zug des Brautpaares und seiner Festgäste wieder in der gleichen Reihenfolge in Bewegung, um zum »hohen Mahl« zu gehen, welches jedoch in verschiedenen Häusern eingenommen wurde: Der Bräutigam saß mit dem Kaiser, dem Markgrafen und dem Erzbischof von Salzburg beim Bankett im Zollhaus, an dessen Stelle heute die Residenz steht, und die Braut speiste mit ihrer Schwiegermutter und den hohen Damen in ihrer Herberge, dem Haus des Peter Oberndorffer, der von 1471 bis 1477 das Amt eines Inneren Rates innehatte.

Der Chronist überliefert: »Item die Braut saß zu Tisch an dem obern Ecke des Tisch / neben ir die Marckgräfin / darnach Hertzog Ludwichin (= Herzogin Amalie) / und an dem

Tischordnung beim Festmahl der Braut

Tisch 1
Die Braut Hedwig von Polen mit der Gemahlin des Markgrafen Albrechts von Brandenburg, die Kurfürstinwitwe von Sachsen und Herzogin Amalie von Bayern-Landshut, Hedwigs Schwiegermutter.

Tisch 2
Gemahlin Herzog Philipps mit Christina von Sachsen sowie der Gemahlin des Grafen Eberhard von Württemberg und der Gemahlin des Landgrafen von Leuchtenberg

Tisch 3
Gräfinnen und Freifrauen, jeweils nach ihrem Stand.

Tische 4 und 5
Das weibliche Gefolge der Braut und der Fürstinnen.

Tische 6 und 7
Die »anderen Frauen und Jungfrauen«.

Tisch 8
Weitere »Frauen und Jungfrauen«.

andern Ecke die alte Frau von Sachsen (= die sächsische Kurfürstinwitwe).« Die anderen Damen aßen an weiteren Tischen. Insgesamt gab es acht Tische, die in unterschiedlichen Räumen des Hauses standen, wobei der achte im Haus des Bürgers Oswald platziert war.

Die Speisenfolge umfasste 32 Gänge mit Fleisch, Fisch, Wild, Geflügel und Gebäck. Aufgetragen wurden die Speisen und der Wein von Söhnen der Adelsfamilien: Am Tisch des Bräutigams bedienten der junge Pfalzgraf Philipp (Amberg) und Markgraf Friedrich (Ansbach) sowie Graf Ulrich von Werdenberg aus dem Gefolge des Kaisers. Am Tisch der Braut servierten nach dem Chronisten folgende Edelleute: »Graf Philipp von Kirchberg hat das Essen tragen. Graf Philipp von Öttingen ist der Königin Weinträger (andere Quellen nennen

Liste der hohen Gäste auf der Landshuter Hochzeit

Aus Österreich

- Kaiser Friedrich III.
- Maximilian (I.) von Österreich, Sohn des Kaisers
- Herzog Sigmund von Tirol, Vetter des Kaisers
- zehn Grafen im Gefolge des Kaisers und vier Grafen im Gefolge des Herzogs Sigmund
- Gesandter in Vertretung der Erzherzogin Mechthild von Österreich

Aus Sachsen

- Kurfürstin Margarethe, Witwe des Kurfürsten Friedrich von Sachsen, geb. von Österreich, Großmutter des Bräutigams
- Christine, Tochter des Kurfürsten Ernst von Sachsen, Enkelin der Kurfürstinwitwe Margarethe
- zwei Grafen im Gefolge der Kurfürstinwitwe
- Gesandte in Vertretung Herzog Ernsts und Herzog Alberts von Sachsen

Aus der Pfalz

- Philipp, der »junge Pfalzgraf«, Sohn des Kurfürsten Ludwig von der Pfalz
- Margarethe, die »junge Pfalzgräfin«, Schwester des Bräutigams, Gemahlin Philipps
- Herzog Otto von Pfalz-Moosbach (Brautführer)
- Herzog Hans (Johannes) von Neumarkt, Pfalzgraf und Bruder von Herzog Otto
- zwei Grafen im Gefolge des Pfalzgrafen Philipp
- Gesandte in Vertretung von Kurfürst Friedrich von der Pfalz

Aus Bayern-München

- Herzog Albrecht IV., genannt der Weise
- Herzog Christoph, genannt der Starke
- Herzog Wolfgang
- zwei Grafen im Gefolge des Herzogs Albrecht

Aus Brandenburg

- Markgraf Albrecht (Achilles), Kurfürst von

Brandenburg, Schwager Herzog Ludwigs von Bayern-Landshut
- Markgräfin Anna, Kurfürstin von Brandenburg, Schwester Herzogin Amalies von Bayern-Landshut, Tante des Bräutigams
- Friedrich, der »junge Markgraf«, von Brandenburg, Sohn des Markgrafenpaares Anna und Albrecht, Vetter des Bräutigams
- drei Grafen im Gefolge des Markgrafen Albrecht

Aus Württemberg
- Graf Ulrich von Württemberg, genannt der »Alte«
- Graf Eberhard von Württemberg, genannt der »Junge«, Graf Ulrichs Sohn
- Gräfin Elisabeth von Württemberg, genannt die »Junge«, Tochter Albrechts von Brandenburg, Cousine des Bräutigams
- sieben Grafen im Gefolge des alten und zwei Grafen im Gefolge des jungen Grafen
- Gesandter in Vertretung von Graf Eberhard dem Älteren von Württemberg

Aus Baden
- Markgraf Albrecht von Baden

Aus Böhmen
- Herr Burian von Guttenstein in Vertretung des Königs von Böhmen, des Bruders der Braut

Aus der Türkei
- Die Brüder des türkischen Herrschers in dessen Vertretung

Aus Polen
- Im Gefolge der Braut befanden sich bei ihrer Abreise zwölf hochgestellte Persönlichkeiten und zahlreiche adelige Damen; wie viele die Braut allerdings bis Landshut begleiteten, ist unklar.

Aus Bayern-Landshut
- Im Gefolge Herzog Ludwigs und Herzogin

Amalies, Eltern des Bräutigams, befanden sich zehn Grafen

Zudem:

- Landgraf Ludwig von Leuchtenberg
- Landgraf Friedrich von Leuchtenberg mit Gemahlin
- die Gräfinnen von Rienek, Hanau, Oettingen
- eine unbekannte Anzahl von weiteren edlen Fräulen und hohen Damen, Grafen, Herren, Landadeligen und Bürgern

Der hohe Klerus

- (Erz-)Bischof Bernhard von Salzburg (traute das Brautpaar)
- Bischof Georg I. von Bamberg
- Bischof Johann von Augsburg
- Bischof Ulrich III. von Passau
- Bischof Wilhelm von Eichstätt
- Bischof Sixtus von Freising
- Vertreter des Bischofs von Würzburg

Die Reichsstädte

- Gesandte in Vertretung der Städte Regensburg, Nürnberg, Ulm, Nördlingen, Dinkelsbühl, Augsburg, Donauwörth sowie der herzoglichen Stadt Straubing.

(nach Hiereth, Zeitgenössische Quellen, S. 52–54, und der Chronik von Veit Arnpeck)

Graf Wolfgang von Ötting) und Graf Sebastian von Ortenburg (Ortenberg?) Mundschenk gewesen.«

Während des Festmahls gab es zur Unterhaltung der Gäste einige Belustigungen – zumindest ist dies für die Tafel der Herren belegt. Hier traten »Hofierer und Sprecher« auf, also Musikanten und Vortragende. Ähnliches wird es wohl auch in den Speiseräumen der Braut gegeben haben.

Gegen zwei Uhr nachmittags standen Turniere auf dem Programm, denen Hedwig mit ihren sechs Begleiterinnen

Kaiser Friedrich III. war hoher Gast auf der Hochzeit in Landshut.

vom Fenster ihrer Herberge aus zusah. Abends wurde zum Tanz aufgespielt, an dem aber nur »die nichtfürstlichen Frauen und Jungfrauen« teilnahmen. Die Braut und die höhergestellten Frauen hatten somit eine Ruhepause und konnten sich in ihre Gemächer zurückziehen. Damit schloss der zweite Tag des Hochzeitsfestes.

Auch der folgende Tag war den Turnieren gewidmet und abends einem Tanzvergnügen, zu dem Hedwig in einem neuen Gewand erschien: »Item zu Nacht kam zu dem Danz die Braut und die Fürstin mit ir / und die Braut het an einen Rock von gutem Damaska / roter Rock / und zu den Ermel gingen andere grosse Ermel / das was ein guelde Stuck / und von gar grosse Peltz waren Pernlein / und aber ein hoches Goller auch Pernlein / und gar ein kostenliches Halspant und einen schoenen Krantz von Heftlein / und ein dinn Duch darueber /.« (= Des Abends kam die Braut zum Tanz und mir ihr die Fürstinnen. Die Braut trug einen Rock/Kleid aus gutem roten Damast; über jeden Ärmel fiel noch ein weiter Ärmel aus Goldstoff, verbrämt mit Pelz und mit Perlen besetzt; dazu ein hohes, mit Perlen geschmücktes Goller/Koller und ein sehr kostbares Halsband sowie einen schönen Kranz aus Schmucknadeln/Silber-Broschen/Edelstein-Broschen und einem Schleier darüber.) Wiederum holte der Kaiser die Braut zum ersten Tanz des Abends, bevor sich andere Paare anschlossen.

ABREISE DER GÄSTE UND KOSTEN DER HOCHZEIT

Die ganze Woche über dauerten die Festlichkeiten an, jedoch am Freitag verließen der Markgraf und die Markgräfin mit ihrem Gefolge Landshut. Der Kaiser brach am Samstag in aller Früh mit Sohn Maximilian und seinen Begleitern nach Österreich auf. Nach und nach verabschiedeten sich dann die übrigen Gäste mit ihrem Gefolge.

An die Zehntausend waren nach Landshut gekommen, viele davon mit zahlreichen Pferden – allein Kaiser Friedrich III. war mit 600 Pferden angereist und der Markgraf angeblich mit 1 300. Der Markgrafenschreiber hielt fest, dass sein Herr

Markgraf Albrecht (III.) Achilles, Kurfürst von Brandenburg, Schwager Herzog Ludwigs von Bayern-Landshut und damit Onkel des Bräutigams, war dessen »best man« bzw. »Zeremonienmeister« während der Hochzeitsfeierlichkeiten.

allein mit 25 Wagen, in denen über 100 Frauen und Jungfrauen saßen, gekommen sei.

Die herzoglichen Beamten hatten daher viel Arbeit, um die Unterbringung und Verpflegung der Gäste und Tiere zu organisieren. Fast 9 000 Pferde mussten gefüttert werden; davon fanden 5 000 in Landshut einen Stall, wohingegen die übrigen in den umliegenden Dörfern untergestellt wurden.

Da nur wenige Gäste in herzoglichen Gemächern unterkamen, öffneten Wirte und Bürger ihre Türen, damit alle beherbergt werden konnten. Das war keine Kleinigkeit, denn Landshut zählte damals nur etwa 10 000 Einwohner.

146 Köche sorgten für das leibliche Wohl der Eingeladenen und der Landshuter Einwohnerschaft, wobei Herzog Ludwig

für Unterbringung und Verköstigung aller aufkam. Niemand sollte, gemäß dem herzoglichen Gebot, während der achttägigen Hochzeitsfeier aus eigener Tasche für Essen und Trinken bezahlen müssen. Für das sogenannte ›niedere Volk‹ waren eigene Stände errichtet worden, an denen die tägliche Speisung samt Wein abgeholt werden konnte.

Alles in allem wurden, laut Abrechnung, verzehrt: 323 Ochsen, 285 Brühschweine, 684 weitere Schweine, 1 133 ungarische Schafe, 625 junge Schafe (aus Burghausen), 1 537 weitere Schafe, 490 Kälber, 11 500 Gänse, 40 000 Hühner sowie 194 345 Eier und einiges mehr. Insgesamt 60 766 Rheinische Gulden – das sind umgerechnet zwischen 12 und 20 Millionen Euro – ließ sich der reiche Herzog Ludwig die Hochzeit seines Sohnes mit der polnischen Königstochter kosten.

Überallhin hatten die Landshuter Kuriere Einladungen zu den Feierlichkeiten gebracht, zugleich auch für die Familien des Landadels Stoffe in den herzoglichen Farben braun-weiß-grau, damit angemessene Kleidung genäht werden konnte. Alle verfügbaren Lebensmittel, Wein, Getreide und Heu, kostbare Stoffe aus Venedig sowie allerhand Pretiosen und Kleinodien aus Köln und Straßburg waren aufgekauft und nach Landshut verfrachtet worden.

Vor allem die nach Polen zurückkehrende Begleitung Hedwigs wurde reich mit goldenen Schmuckstücken sowie mit Bechern, Rüstungen und sogar mit edlen Pferden beschenkt, um in ihrer Heimat Zeugnis abzulegen von dem überaus prachtvollen Hochzeitsfest in Landshut. So wurde bei den Ausgaben für die Hochzeitsfeier in keiner Weise gespart, denn Glanz und finanzieller Aufwand sollten Macht und Reichtum des Herzogs von Bayern-Landshut allen vor Augen führen.

Auf diese Weise blieb die Hochzeit der polnischen Hedwig mit dem bayerischen Georg samt ihren Vergnügungen und der großen Pracht – mit »gaudio et pompa« – im historischen Gedächtnis und wird noch gegenwärtig alle vier Jahre in der »Landshuter Fürstenhochzeit« von Neuem zur Schau gestellt.

4 Herzogin »Hatwig« in Burghausen

DIE BURG ZU BURGHAUSEN

Wohl bereits kurz nach dem Ende der Hochzeitsfeierlichkeiten reisten die Frischvermählten nach Burghausen. Hier thront die Burg über der Stadt auf einem Bergrücken zwischen der Salzach und dem Wöhr, einem Altwasserarm des Flusses.

Herzog Heinrich XIII., der als Heinrich I. zum Begründer der niederbayerischen Linie der Wittelsbacher wurde, hatte in der zweiten Hälfte des 13. Jahrhunderts die Burg zu Burghausen großzügig ausbauen lassen. Es entstanden um den inneren Burghof der Palas (Fürstenbau), der Dürnitzstock mit dem heizbaren Speisesaal für das herzogliche Gefolge, Wirtschaftsräume, Wein- und Vorratskeller sowie gegenüber der Kemenatenbau, der eigentliche Wohntrakt der herzoglichen Frauen. Damals wurde auch die innere Burgkapelle St. Elisabeth von Herzog Heinrich und seiner Gemahlin Elisabeth von Ungarn (1236–1271) als bauliches Verbindungsglied zwischen dem Palas und dem Dürnitzstock gestiftet.

Diese ältere Linie der niederbayerischen Herzöge starb 1340 mit Johann dem Kind aus, und Kaiser Ludwig der Bayer vereinte daraufhin in seiner Hand das bayerische Herzogtum wieder. Er begründete mit Burghausen als Umschlagplatz des Salzes, das aus Hallein auf der Salzach per Schiff ankam und dann auf dem Landweg weiter verfrachtet wurde, den wirtschaftlichen Aufschwung des Ortes und der Burg. Die finanzielle Versorgung der Burg zu Burghausen beruhte hauptsächlich auf den einträglichen Zolleinnahmen der Salztransporte.

Im Verlauf des 14. Jahrhunderts sicherte man den Burgberg mit Befestigungen, Wehranlagen und Mauerzügen, die mehrere Vorhöfe der Burg umschlossen und sich bald bis zur Stadt Burghausen hinabzogen. Gegen Ende des 14. Jahrhunderts erreichte die gesamte Burganlage bereits eine Ausdehnung von mehr als 1 000 Metern. Auch in den Folgezeiten, unter Herzog Georg, wurde die Burg immer weiter nicht nur für Wohnzwecke, sondern vor allem auch zur Verteidigung und als militärischer Sammelplatz ausgebaut.

Für die Herzoginnen waren das zweite und dritte Stockwerk des Fürstenbaus bestimmt, wohingegen die Wohnräume für die Herzöge in der ersten Etage lagen und über eine Freitreppe betreten werden konnten. Die Burgkapelle St. Elisabeth nebenan war über einen direkten Zugang vom Palas aus für das Herzogspaar zu erreichen. Der Dürnitzbau mit seinem großen Speisesaal, ausgestattet mit 38 Tischen, bot dem Hofstaat genügend Platz. In den unteren Bereichen des Gebäudes und daneben befanden sich Keller und Hauptküche samt Vorratsgewölbe (Zehrgaden). Im Stockwerk über dem Speisesaal lag das Tanzhaus, das von den Bewohnerinnen der Kemenate, den Frauenzimmern, über einen Bogengang zugänglich war.

Die Räume der Herzogin Hedwig befanden sich im Obergeschoss des Kemenatenbaus, ebenso die Wohnung der Hofmeisterin und der »Jungfrauen«, also der ledigen Hofdamen aus den Adelsfamilien. Herzog Georg ließ die Kemenate weiter ausbauen, um genügend Räume für den weiblichen Hofstaat seiner Gemahlin Hedwig zu schaffen. In den unteren Teilen der Gebäude waren die Gelasse für Zinn-, Kupfer-, Messing- und Silbergeschirr, desweiteren Speisegewölbe, eine zweite Küche, die Leinwandkammer und Dienstbotenräume angesiedelt. Außerdem vervollständigte ein Bad die für damalige Zeiten luxuriöse Ausstattung.

Alle diese Gebäude bildeten zusammen mit der Schatzkammer die Hauptburg, der fünf Höfe vorgelagert waren. Im ersten Hof befanden sich die Räumlichkeiten für die Hofbeamten und Handwerker sowie der herzogliche Marstall mit den Unterkünften der Fuhrknechte und das Brauhaus samt Pfisterei (Bäckerei). Das Zeughaus und der Getreidespeicher lagen im zweiten Vorhof, im dritten wohnte der Kaplan der inneren Schlosskapelle, wohingegen im vierten Vorhof 1479 Herzog Georg und Herzogin Hedwig die äußere Burgkapelle erbauen ließen. Sie wurde der hl. Hedwig geweiht. Das Stifterrelief zeigt das Herzogspaar kniend zu

◀ ***Hedwigs Residenz: die Burg von Burghausen***

Die Hedwigskapelle: Herzog Georg und Herzogin Hedwig verehren den Heiland (Stifterrelief um 1489 aus Lindenholz, Äußere Burgkapelle von Burghausen)

beiden Seiten des auferstandenen Christus. Der letzte Vorhof beherbergte die Rent- und Forstmeisterei sowie die Pferdeschwemme.

Die Burg zu Burghausen umfasste zu Hedwigs und Georgs Zeiten also beträchtliche Gebäudekomplexe sowie Höfe und Gärten, in denen es geschäftig zuging. Ruhe und Einsamkeit waren – ähnlich wie in einer lebhaften Stadt – nicht zu erwarten.

GEFÄNGNIS ODER RESIDENZ DER FRAUEN?

Angeblich soll das junge Herzogspaar Hedwig und Georg in der Burg zu Burghausen etwa vier Jahre lang – von 1475 bis 1479 – gemeinsam gewohnt haben. Dies ist jedoch nicht sicher belegt, wenn auch – gemäß dem Historiker Dorner – in den

Küchenrechnungen auf die zeitweilige Anwesenheit Georgs in den Jahren 1476 und 1477 hingewiesen wird. Vermutlich weilte der Herzog nicht ständig bei seiner jungen Gemahlin, sondern reiste zwischen Landshut und Burghausen hin und her. Denn wie wir erfahren, hatte sein Vater ihn frühzeitig in die Regierungsgeschäfte des Herzogtums eingeführt.

Seine häufigeren Besuche galten in jenen anfänglichen Ehejahren wohl eher der Zeugung legitimen Nachwuchses,

Margarete von Österreich – in Burghausen gefangen?

Margarete, Georgs Großmutter väterlicherseits und Gemahlin des Reichen Herzogs Heinrich, lebte mit Sohn und Gefolge auf der Burg zu Burghausen. Herzog Heinrich soll sie öfters dort besucht haben, dennoch fühlte sich Margarete als Gefangene. Sie beklagte dies, gemäß Wildenbergs Chronik, kurz vor ihrem Tode: Die Herzogin »wegert an dem todbet, man solt si begraben zu hertzog Ludwig, der irs gemachels, herzog Heinrichs, gefangen was und auch in seiner vanknüss starb. Also sprach si an irem end und an dem toddbet, si wär auch ain gefangene irs gemachels, wann si in chain sloss irs gemachels nie chom, wann in daz sloss zu Purckhausen. Aus dem do chom si nie piz an ir end des todes.« (Die Herzogin begehrt auf dem Totenbett, man solle sie begraben neben Herzog Ludwig, der der Gefangene ihres Gemahls Herzog Heinrichs war und auch in Gefangenschaft starb. Also sprach sie an ihrem Ende und auf dem Totenbett, sie sei auch eine Gefangene ihres Gemahls, da sie in kein anderes Schloss ihres Gemahls jemals gekommen sei, als in das Schloss zu Burghausen. Aus dem sie niemals herauskam bis an ihr Lebensende.) – Herzogin Margarete starb am 24. Dezember 1447 in Burghausen und wurde im Zisterzienserkloster zu Raitenhaslach beigesetzt.

(aus: Des Ritters Hans Ebran von Wildenberg Chronik von den Fürsten aus Bayern, hrsg. v. Friedrich Roth)

um das Fortbestehen der Landshuter Herzogslinie zu sichern. Mit den Jahren wunderte sich die Öffentlichkeit allerdings über das getrennte Hauswesen des Paares. Herzog Jörg, wie er genannt wurde, residierte fast nur noch in Landshut und seine Gemahlin blieb in Burghausen. Aus diesem augenfälligen Grund bewerteten Chronisten und zahlreiche Historiker der älteren Generation Hedwigs Aufenthalt in Burghausen als eine Art Hausarrest bzw. die Burg zu Burghausen als ihr Gefängnis. Adalbert Prinz von Bayern schrieb dazu im Buch über seine Wittelsbacher Familie: »Der reiche Landshuter Herzog Georg war kein Mustergatte. Er schob seine krakauische Frau bald nach Burghausen ab, um ein freies zügelloses Leben führen zu können.«

Der Vergleich mit einem Gefängnis ist nicht ganz von der Hand zu weisen, zumal die Burg durchaus als sicherer Hort für den Schatz der Reichen Herzöge bekannt war und zudem der alte Ingolstädter Herzog Ludwig der Gebartete einige Jahre bis zu seinem Tode 1447 dort von seinem Landshuter Vetter Herzog Heinrich gefangengesetzt worden war. So besaß die Burg zu Burghausen schon länger den Ruf eines Ortes der Sicherheitsverwahrung.

Der Zeitgenosse und Chronist Ulrich Füetrer, ein Landshuter Bürgerssohn, der schließlich am Münchner Herzogshof Karriere machte, überlieferte von Herzog Georg (Jörg) kein positives Bild, wenn er in seiner »Bayerischen Chronik« schrieb: »Er was ain man kains sundern wesen, dann allain mit unleumbten weibern und offentlichen puelerin hat er unverschambt und offentlich vil wesen und füert dy vil bey im und begabet dy hoch mit klaydern und klainaten und verheyrat dy hoch und edel leuten und andern und ließ sein gemachel zu Purgkhausen eingesperrt im schloss, kann vast selten zu ir. Deshalben er vil schmächlicher nachred erlangt.« (Er war ein Mann sonderbaren Wesens, denn er trieb sich in aller Öffentlichkeit nur mit schlecht beleumdeten Weibern und Prostituierten herum und zeigte sich häufig mit ihnen und beschenkte sie mit kostbaren Kleidern und Kleinodien und verheiratete sie mit hochstehenden und edlen Leuten und an-

Hedwig in Haft?

Auch zwei Zeitgenossen Hedwigs sahen deren Leben in Burghausen ähnlich dem einer Inhaftierten. So notierte der berühmte Geschichtsschreiber Angelus Rumpler, Abt von Vornbach, dazu: »Hedwig wurde so sorgfältig bewacht, dass sie niemand, außer heimlich, sehen konnte.« Ähnliches meinte der Wiener Domherr Ladislaus Suntheim: »Er (Herzog Georg) hielt seine Gemahlin Hedwig gleichsam als eine Gefangene im Schloß Burghausen.«

(nach Erich Stahleder, Die Kinder und Enkel der Hedwig von Polen, Landshut 1965, S. 8)

Auch der Passauer Professor Peter C. Hartmann urteilte in seinem Werk über »Bayerns Weg in die Gegenwart« 1989: Herzog Georg steckte »hohe Summen in den Ausbau von Burghausen, wo seine Gemahlin praktisch als Gefangene lebte, während er sich in Landshut mit Mätressen und Jagdgelagen die Zeit vertrieb.«

(Peter Claus Hartmann: Bayerns Weg in die Gegenwart. Regensburg 1989, S. 119.)

Dagegen äußerte Professor Erich Stahleder in seinen Forschungen 1984: »Auf der Burg von Burghausen war sie (Hedwig) nicht verbannt oder gar gefangen. Sie lebte dort zusammen mit ihrer Schwiegermutter und ihren Kindern und einem ansehnlichen Hofstaat.«

(Erich Stahleder: Landshuter Hochzeit 1475. Ein bayerisch-europäisches Hoffest aus der Zeit der Gotik. Ottobrunn 1984, S. 76)

In der »Geschichte Polens« (Gotha 1886, 5. Teil, S. 450) von Jakob Caro steht indessen kurz und prägnant: »... die gefeierte Prinzessin aber ging einem traurigen Schicksal entgegen ...«

deren und ließ seine Gemahlin zu Burghausen eingesperrt im Schloss, kam sehr selten zu ihr. Deshalb redete man ihm viel Schmähliches nach.)

Die neuere Geschichtsforschung milderte nun dieses Fernhalten der Herzogin von Landshut – und damit von der Hauptstadt des Herzogtums – dahingehend ab, dass neuerdings zwei Residenzen ausgemacht wurden: der Regierungs-

und Verwaltungssitz in Landshut auf der Burg Trausnitz und der Familiensitz in Burghausen. In Landshut schaltete und waltete der Herzog allein, zumal die Burg dort angeblich für eine standesgemäße Hofhaltung der Herzogin nicht ausreichend Platz böte. Auf der weitläufigen Anlage zu Burghausen dagegen wohnte die Familie des Herzogs, allen voran Hedwig mit ihrem Hofstaat.

Die Burg war also die Residenz der Landshuter Herzoginnen. Bereits 1344 hatte Ludwig der Bayer für seine zweite Gemahlin Margarete von Holland (um 1293–1356) Burghausen als deren zukünftigen Witwensitz gewählt. Damit war die Burg erstmals explizit als Frauensitz bestimmt worden. In den folgenden Generationen bildete sich diese Funktion immer deutlicher heraus: Nun lebten neben den Witwen auch die Gemahlinnen und die herzoglichen Kinder in Burghausen. Von Familienresidenz kann trotzdem nur eingeschränkt gesprochen werden, denn die herzoglichen Ehemänner bzw. Väter lebten überwiegend in Landshut und nur zeitweilig bei ihren Frauen und Kindern.

Überliefert wird, dass Georgs Vater Ludwig in Burghausen aufwuchs und dort noch – sozusagen im Wartestand – bis zum Tod seines Vaters verblieb: »Ludbig, ein sun hertzog Heinrich, ward ertzogen auf der purg zu Burgkhawsen, und er het sein wesen do bis auf die dreissig jar.« (Ludwig, ein Sohn Herzog Heinrichs, wurde auf der Burg zu Burghausen erzogen, und lebte dort ungefähr 30 Jahre lang.) Allerdings verstand sich Georgs Großvater, Herzog Heinrich, nicht gut mit seinem Sohn und Nachfolger Ludwig, hielt ihn angeblich kurz und knapp, wollte ihn daher auch nicht um sich haben.

Als die frischvermählte Hedwig nach Burghausen übersiedelte, wohnte dort bereits ihre Schwiegermutter Amalie. Gemeinsam verbrachten sie auf der Burg noch etwa fünf Jahre, bis die inzwischen verwitwete Herzogin Amalie um 1480 – nach Ludwigs Tod – wieder in ihre sächsische Heimat nach Rochlitz ziehen durfte.

Hedwigs Schwiegermutter entkommt Burghausen
Amalie von Sachsen, 1435 in Meißen geboren, hatte am 21. Februar 1452 Herzog Ludwig den Reichen geheiratet. Mit dieser Vermählung wurden enge Bande zwischen den niederbayerischen Herzögen und dem Kurfürsten von Sachsen geknüpft. Zunächst lebte Amalie mit ihrem Gemahl auf der Landshuter Burg. Sie gebar vier Kinder, von denen zwei überlebten. Der einzige Sohn Georg erblickte am 15. August 1455 wohl in Landshut das Licht der Welt. Mutter und Sohn blieben bis 1463 in Landshut, bevor sie auf Befehl Ludwigs nach Burghausen übersiedeln mussten. Die Herzogin hatte vermutlich mit der Geburt eines Nachfolgers ihre Pflicht erfüllt und konnte nun von ihrem Gatten getrennt leben. Als 13-Jähriger wurde Georg nach Landshut gerufen, um in seine zukünftigen herzoglichen Pflichten eingewiesen zu werden. Wildenbergs Chronik vermerkt zur Abschiebung Amalies süffisant, Ludwig wollte seine Gemahlin nicht vor Ort haben, »um ungestört seinen Neigungen frönen zu können«. Amalie besuchte wohl hie und da Landshut, zumindest war sie 1475 bei der Hochzeitsfeier ihres Sohnes mit Hedwig anwesend. Auch als ein Jahr vorher ihre Tochter Margarete am 17. April 1474 Kurfürst Philipp von der Pfalz in Amberg ehelichte, nahm sie in Vertretung ihres abwesenden Gemahls an den Feierlichkeiten teil. Trotz einiger Freizügigkeiten konstatierten Historiker, beispielsweise Riezler in seiner bayerischen Geschichte, dass Georgs Mutter in Burghausen so abgeschieden wie eine Witwe lebte. Als ihr Gemahl am 18. Januar 1479 in Landshut starb, wünschte sie, in ihre Heimat Sachsen zurückzukehren. 1480 regelten ihre Brüder mit Georg die Formalitäten ihrer Versorgungsansprüche, worauf die Witwe Burghausen und Niederbayern für immer den Rücken kehrte. Amalie starb am 18. November 1502 auf Schloss Rochlitz und wurde im Dom zu Meißen beigesetzt.

EHELEBEN UND KINDER

Wie der Chronist uns überliefert hat, besuchte Herzog Georg seine Gemahlin nur von Zeit zu Zeit und dann eher kurz: »Der Herzog kam selten nach Burghausen zu seiner Gemahlin, der Königstochter von Polen, Hedwig, er hielt sie wohl und ließ es ihr nichts mangeln, nur wollte er nicht mit ihr zusammenleben. Wenn er einmal nach Burghausen reiste, was aber, wie ich hörte in drei Jahren nicht mehr als zwei Mal geschah, so blieb er nicht länger als drei oder vier Tage, dann nahm er irgendein Geschäft zum Vorwand, um wieder fortzukommen.« Außerdem war er »ein solcher Frauenmann, dass noch lang hernach davon erzählt wurde«.

Schenken wir dem Chronisten Glauben, dann gestaltete sich Hedwigs Eheleben wie eine moderne Fernbeziehung. Es drängt sich der Eindruck auf, dass Georg seine Gemahlin nicht sonderlich mochte und ihm an ihrer Gegenwart wenig lag. Womöglich wäre sie ihm zudem in Landshut bei seinen Liebesaffären zu sehr im Wege gestanden.

Obwohl Herzog Georg zumeist fern von seiner Gemahlin weilte, gebar Hedwig in den anfänglichen Ehejahren zwei Töchter, 1478 Elisabeth und 1480 Margarethe. Angeblich soll sie auch mit drei Söhnen – Ludwig, Ruprecht und Wolfgang – niedergekommen sein, allerdings stammen diese Hinweise aus späteren, recht unsicheren Quellen. Danach erblickten Ludwig 1476, Ruprecht 1477 und Wolfgang 1482 das Licht der Welt. Alle drei Söhne sollen noch im Säuglings- bzw. Kleinkindalter entschlafen sein.

Allerdings wissen zeitgenössische Quellen nichts von zwei oder drei Söhnen, wohingegen die Geburt der beiden Töchter eindeutig belegt ist.

Die zwei »jungen Fräulein«, wie die herzoglichen Töchter bezeichnet wurden, wuchsen in Burghausen bei ihrer Mutter auf.

Offenbar wurde viel darüber geredet, warum die Herzogin keinen Sohn zur Welt brachte, denn der Chronist Füetrer hielt

◀ ***Herzogin Hedwig von Bayern-Landshut, geborene Königin von Polen (Aquarell, 15. Jh., Burg Trausnitz)***

Natürliche Tochter

Sichere Kenntnis haben wir zudem von einer außerehelichen Tochter Herzog Georgs, die er mit seiner Geliebten Anna Grünbacher hatte. Dieser Tochter, deren Name nicht bekannt ist, vermachte Georg den Nießbrauch des Schlosses Zangenberg bei Mühldorf, solange sie ledig bliebe. Sollte sie jedoch heiraten, erhielte sie als Heiratsgut 1000 Gulden.

Mehr erfahren wir über dieses Kind aus den Quellen nicht.

dazu fest: »Ainer fragt sy, warumb sy kainen sun trüeg; antwort sy: wer sol mir machen Ofen? « (Jemand fragte sie, warum sie keinen Sohn austrage; daraufhin antwortete sie: Wer soll mir denn einen in den Backofen schieben?) Demnach machte die Herzogin die häufige Abwesenheit ihres Gemahls von Burghausen und das leere eheliche Bett für die nicht vorhandenen Söhne verantwortlich.

Über die eheliche Gemeinsamkeit des Herzogspaares gibt es nur Spekulationen. Der Historiker Dorner wertete Rechnungsquellen, wie Rentmeister-, Küchen- und Kammerrechnungen, aus und kam damit dem Alltagsleben in der Burghauser Residenz einen Schritt näher. Er fand Konkretes für das Jahr 1485, um die Beziehung des herzoglichen Paares, die damals bereits zehn Ehejahre hinter sich gebracht hatten, zu erhellen. In den Rechnungen wurden vor allem Geschenke und Gaben festgehalten; da heißt es: »In der Woche Sommersonnenwende überbringt ein Bote, der dafür drei Schilling Trinkgeld erhält, von Herzog Georg aus Landshut für Hedwig ein Meerschwein ... Wahrscheinlich handelt es sich um eine so genannte Meerkatze, ein solches Tier, auch Hundsaffe genannt, ist im Spätmittelalter als Kinderspielzeug nachgewiesen ... Im August schickt Georg seiner Frau einen ›Zelter‹, also ein Damenreitpferd ... In der Weihnachtswoche lässt Georg

Hedwigs Gemahl: Herzog Georg der Reiche von Bayern-Landshut im Alter von 46 Jahren (Gemälde von Peter Gertner, um 1537)

seiner Frau als besonderen Leckerbissen durch den Knecht des Wirts von Hohenwart ›schweinernes Wildbret‹ von Landshut herbeischaffen.«

Aber auch Hedwig schickte ihrem Gemahl Präsente, wie Dorner vermerkt: »Anfang Juli 1485, nachdem Hedwig von Georg aus Landshut mehrere Geschenke erhalten hat, erfolgt eine Gegengabe von Burghausen nach Landshut. Hedwig erwirbt ... sechs Stück oder Sträuße (?) weißer Lilien. In der folgenden Woche (= 12. Juli) schickt die Herzogin ihrem Mann durch Peter Haunold einen ›Kranz‹.«

So gingen Angebinde zwischen Landshut und Burghausen hin und her – zumeist an besonderen Feiertagen. Allerdings erhielt die Herzogin auch von anderen Personen Gaben, wie Wildbret, Vögel, Fische oder besonderes Obst, beispielsweise vom Salzburger Dompropst, vom Abt des Klosters Mondsee, vom Pfleger Fuchs zu Wald an der Alz, vom Forstmeister von Ötting, vom Burghauser Jägermeister oder von der Äbtissin von Seligenthal bei Landshut, die ihr eine Truhe aus Zypressenholz übereignete.

So gesehen, bewegte sich das eheliche Leben der Herzogin in von dem ihres Gatten getrennten, jedoch wohlwollenden bzw. den Schein wahrenden Bahnen.

HOFSTAAT UND HOFORDNUNG

Herzogin Hedwig umgab auf der Burg zu Burghausen ein umfangreicher Hofstaat. Als Hofmeister diente ihr Jörg Törringer, seine Frau war als Hofmeisterin angestellt. Ein Rentmeister kümmerte sich um die Finanzen und um das Tafelsilber ein Silberkämmerer. Die Einnahmen des Salzhandels beaufsichtigte ein Mautner, wohingegen der Kastner und der Küchenmeister für die Versorgung der Burgbewohner mit Lebensmitteln zuständig waren. Küchenpersonal und andere Bedienstete vervollständigten die Dienerschaft auf der Burg, dazu kamen Boten, Handwerker, Tagelöhner, Musikanten, Wachleute sowie zahlreiche Knechte und Mägde. An der Spitze des Hofstaates standen der Hofmeister, der Hauspfleger, der Hauptmann sowie der Küchenmeister mit dem Küchen-

Essen und Trinken auf der Burg

Die Burghauser Küchenrechnung von 1477 verzeichnet für den 16. Februar bis zum 15. März (also für vier Wochen) insgesamt an Ausgaben: 409 Pfund Pfennig für die Küche bzw. für Mahlzeiten und 12 Schilling für den Keller bzw. für Getränke.

Verbraucht wurden:

12 Pfund Pfeffer
16 Schaff Korn
24 Schaff Weizen
57 Schaff Hafer vom Kasten
1 Schaff Hundenahrung (»Hunttas«)
2 Schaff Haferprein
177 Eimer Wein
61 Viertel Malvasier
233 Viertel Raifel
80 Eimer Bier
93 Pfund Roggen
25 Pfund Weizen (Semmel)
93 Pfund Wachs
3 Zentner Unschlitt
64 Ellen Leinwand
33 Ellen Rupfen
36 Pfund Docht

Da es sich in dieser Abrechnungszeitspanne um einen Teil der Fastenzeit handelte, wurde kein Fleisch, sondern Fisch bezogen: Vier Bund Stockfische und 10 Tonnen Heringe (gekauft vom Nürnberger Händler Franz Krell für 120 Pfund Pfennig).

Nach: Johann Dorner, Herzogin Hedwig und ihr Hofstaat, S. 112.

schreiber, und für den weiblichen Teil des Hofstaates war die Hofmeisterin zuständig. Schätzungsweise umfasste der Hofstaat an die 100 Personen.

Die Gemahlinnen der Reichen Herzöge waren nicht gänzlich frei in ihrer täglichen Lebensgestaltung. Die Hofordnungen von 1463 und 1471 regelten die Haus- und Hofhaltung. Sie wurden von Herzog Ludwig, dem Schwiegervater Hedwigs, für seine Frau Amalie erlassen und waren offenbar auch noch für Hedwig gültig, die, wie erwähnt, einige Jahre gemeinsam mit ihrer Schwiegermutter in Burghausen lebte.

Am meisten griffen wohl die Anordnungen für die Hofmeisterin in das Leben der Herzogin ein. Diese hatte ihr zu

»Der Herzogin Brunn«

»Hinzuweisen bleibt noch auf eine landschaftlich besonders reizvolle Stelle im Norden des Wöhrseebeckens, die jetzt als ›Herzogsbad‹ bekannt ist. Zur Zeit der Herzogin Hedwig trug dieser Platz den Namen ›der Herzogin Brunn‹ = Quelle der Herzogin ... Später wandelte sich der Name zu ›Herzogsbrunn‹ und schließlich zu ›Herzogsbad‹. Im 19. Jahrhundert entstand dort eine ›Naturheilanstalt für Frauen und Kinder‹. Als Heilbad sollte die Einrichtung dem Fremdenverkehr dienen. 1982 wurde das baufällige Gebäude abgerissen. – Da Hedwig die letzte in Burghausen residierende Herzogin war, kann man sich lebhaft vorstellen, dass die ›geborene Königin von Polen‹ mit ihren Hofdamen an sonnigen Tagen einen Spaziergang zu ihrem ›Brunn‹, das heißt zu ihrer Quelle am Wöhrseebach unternahm, um sich dort am heilkräftigen Wasser zu erfrischen und neue Kraft zu gewinnen.«

aus: Johann Dorner, Herzogin Hedwig und ihr Hofstaat, S. 174f.

dienen und die sogenannten Jungfrauen (= junge adlige Mädchen am Hofe) zu unterweisen. Wünschte die Herzogin auszufahren, auf die Jagd zu gehen oder zu wallfahrten, dann mussten Hofmeister und Hofmeisterin sie begleiten. Auch der Gang ins Bad stand unter der Aufsicht der Hofmeisterin. Bei den Ausfahrten hatte die Herzogin zum Schutz von Amtsleuten, Burgsassen, Kämmerern und Knechten begleitet zu werden. Solch aufwändige Reisen bedurften einer langen Vorbereitung, denn der Begleitzug sollte einer Herzogin würdig sein. Auch durfte die Herzogin – wohl aus Sicherheitsgründen – den Wagen dabei nicht verlassen.

Überhaupt war der Aufenthalt im Freien sehr reglementiert. So konnte die Herzogin sich im Burggarten lediglich mit ihrer Hofmeisterin und ihren Jungfrauen aufhalten, wenn zugleich der Türhüter, der Kämmerer und andere Bedienstete anwesend waren. Außerdem war der Besuch des Bades nur erlaubt, sofern keine Gäste auf der Burg weilten.

Die Herzogin sah sich also beständig von Menschen umgeben und war so gut wie nie allein. Selbst in ihrem Schlafgemach musste auch die Hofmeisterin ruhen, nachdem sie am Abend die Tür eigenhändig abgeschlossen hatte. Ebenso wurde das Frauenzimmer der Jungfrauen von der Hofmeisterin abends eigenhändig verschlossen und morgens wieder geöffnet. Was nachts benötigt wurde, musste vor dem Schlafengehen in die Gemächer gebracht werden, denn es hieß ausdrücklich: »Während der Nacht schließe sie ohne merkliche Noth nicht auf, je nachdem du dieses als Hofmeisterin gegen uns verantworten kannst.« Dieses Vorgehen diente wohl nicht nur dem Schutz der Herzogin, sondern entsprang auch dem Überwachungswillen des Herzogs bzw. des Ehemanns über seine Ehefrau, die unter seiner Geschlechtsvormundschaft stand und nicht einmal ohne seine Erlaubnis ihren Aufenthaltsort wählen oder Einkäufe tätigen durfte. So sollte die Herzogin

Geschlechtsvormundschaft

Die mit diesem Begriff bezeichnete Vormundschaft der Männer (Väter, Brüder, Ehemänner) über die Frauen beinhaltet eine geschlechtsbedingte Einschränkung der Selbstbestimmung der Frauen. Dabei besitzt die Frau nicht die gleichen Rechte wie der Mann und/oder kann diese nicht unabhängig bzw. selbständig wahrnehmen. Sie bedarf zu allen geschäftlichen Dingen eines männlichen Beistands/Vormunds, der oftmals auch unabhängig von ihrem Willen über ihr Vermögen verfügt.

Die eheliche Geschlechtsvormundschaft als Sonderform hatte bis weit ins 20. Jahrhundert hinein – wenn auch in abgeschwächter Form – noch Bestand. Erst mit Durchsetzung des Gleichheitsgrundsatzes wurde sie zurückgedrängt oder außer Kraft gesetzt. Dies war in Europa ein Erfolg der Frauenbewegung und ihrer Emanzipationsbestrebungen. In manchen Ländern sind aber heute noch unterschiedlich ausgeprägte Varianten der Geschlechtsvormundschaft gültig.

ihrem Gemahl ihre Wünsche mitteilen, damit dieser sie dann erfüllen oder verweigern konnte.

Auch Besuche mussten vom Herzog erst genehmigt werden, selbst Gäste aus der Heimat der Herzogin, die diese gerne empfing. Allerdings listet Dorner bei der Auswertung der Rechnungsquellen für 1485 zahlreiche Erwerbungen Herzogin Hedwigs auf, die vom Nachttopf über das Salzfass aus Zinn bis hin zu »vier Paar Socken« von einem Schuster aus Regensburg reichten. Besonders häufig wurde der Erwerb von Stoffen, wie Schleier und Leinwand, samt Nähseide und Zwirn für das Schneidern von Kleidung verzeichnet.

Auch für die Zuteilung Verwendung und das Auftragen der Mahlzeiten mussten der Hofmeister und die Hofmeisterin sorgen. Sie sollten alle Speisen der Herzogin überprüfen und öfters die Lieferanten der Nahrungsmittel wechseln, damit Krankheiten und Schlimmerem vorgebeugt werden konnte. Allerdings durfte die herzogliche Gemahlin Wünsche äußern: »Was unsere Gemahlin verlust (= gerne isst und trinkt), soll sie selbst in die Küche und den Keller wissen lassen und schaffen.«

Zudem wurden für die »Jungfrauen«, also die ledigen Hofdamen und Gesellschafterinnen der Herzogin, ausführliche Anordnungen getroffen, die hauptsächlich ihrer Ehrbarkeit, der Sittenstrenge, dem Anstand und der Etikette dienten. Die Jungfrauen, die alle adeligen Familien entstammten, sollten die Herzogin aber nicht als ihresgleichen ansehen, sondern als ihre Herrin und Fürstin.

Von ihrer polnischen Heimat war Hedwig nicht gänzlich abgeschnitten; wenn auch die sie begleitenden polnischen Edelfrauen einige Wochen nach ihrer Hochzeit wieder abreisten, so scheint doch ein polnischer Kaplan geblieben zu sein. Für das Jahr 1485 ist ein Briefwechsel mit ihrem Vater, König Kasimir, belegt; außerdem erhielt sie in diesem Jahr Besuch von Hans von Brandis, einem Adeligen aus Polen, der bereits bei ihrer Hochzeit anwesend war.

Auch für andere Abwechslung wurde in Burghausen gesorgt: Tanz und Faschingstreiben (allerdings ohne Masken)

Währungen, Maße und Gewichte

Zwischen 1450 und 1500 wurden in den bayerischen Gebieten überwiegend zwei Währungen benutzt: das bayerische Pfund Pfennige und der rheinische Gulden. 1 Pfund bayerischer Pfennige (Libra = lb) = 8 Schillinge (sh) = 240 Pfennige (d) = 480 Hälblinge oder halbe Pfennige oder Heller (hlr); der schwerere Regensburger Pfennig = 2 ½ Landshuter/Münchner Pfennige.

Um 1420 kamen die Goldgulden auch in Bayern auf. Zunächst war der ungarische Gulden (fl u) bzw. der venezianische Gulden oder Dukaten gebräuchlich (1 fl u = 270 d), dann der rheinische Gulden (Florentinus = fl rh), der schließlich zur europäischen Währung wurde (1 fl rh = 210 d); das Wiener Pfund kam vor allem beim Weinkauf in der Wachau zum Einsatz: 1 lb Wiener = 8 sh = 240 d.

Als Getreidemaß wurde verwendet: 1 Regensburger Schaff = 1 Landshuter Schaff = 4 Mut = 16 Vierling = 32 Metzen; das bayerische Getreidemaß »Mässl« = 1/16 Metze. Das Regensburger und das Landshuter Schaff ist ungefähr mit dem heutigen Gewicht von 8 Zentnern gleichzusetzen.

Die Flüssigkeiten wurden in Eimern und Fudern gemessen: Der Eimer in München beinhaltete 64 Liter, in Regensburg etwa 51 Liter und in Österreich 58 Liter (24 Eimer = 1 Dreiling; 32 Eimer = 1 Fuder).

Bekannte Gewichte waren: das Pfund in unterschiedlichen Ausführungen, z. B. Krampfund = ca. 511 g, Schmergewichtspfund = ca. 600 g, das kleine Pfund oder Gewürzpfund = ca. 300 g, das große venezianische Pfund = ca. 475 g.

(nach: Irmgard Biersack, Die Hofhaltung der »reichen Herzöge« von Bayern-Landshut, S. 248–250)

waren erlaubt, wobei nicht wenig gezecht wurde: 1 185 Eimer Bier – ein Eimer fasste zwischen 51 und 64 Liter – und 2 703 Eimer Wein flossen im Jahr 1477. Der Wein kam gerne aus der

Wachau und Franken, aber auch heimische Trauben gab es von den Hängen an der Isar.

Ob die detaillierten Vorschriften der Hofordnungen buchstabengemäß eingehalten wurden, ist nicht bekannt. Lockerungen in späteren Jahren können stattgefunden haben. Jedenfalls blieb Herzogin Hedwig nicht beständig auf der Burg zu Burghausen. Sie nahm an Jagden teil und wallfahrtete 1478 mit ihrem Gemahl nach St. Wolfgang am Wolfgangsee, wie der Historiker Dorner aufführt. Im Jahr darauf ging es wiederum nach St. Wolfgang, dieses Mal in Begleitung ihrer Schwiegermutter, Herzogin Amalie. Im Jahre 1489 besuchte sie dann zweimal die Schwarze Madonna von Altötting und 1497 unternahm sie am Namenstag ihres Gemahls (hl. Georg, 24. April) eine Kirchfahrt ins nahe Kloster Raitenhaslach.

Überhaupt scheint der Glaube Hedwigs Tage bereichert zu haben. Die kirchlichen Feste im Jahresverlauf wurden selbstverständlich angemessen mit feierlichen Gottesdiensten begangen. Auch stiftete sie gemeinsam mit ihrem Gemahl das Birgittenkloster Altomünster, sie spendete für die Stiftskirche von Altötting, für die Leprosenkirche in Burghausen sowie für die Spitalkirche zu Ingolstadt und beschenkte zudem die Armen und Kranken. Alle Barmherzigkeit und Güte, die von einer frommen Herzogin erwartet wurden, gab Hedwig reichlich.

Wie viel Eigeninitiative und Freizügigkeit Hedwig in Burghausen persönlich entfalten konnte, ist unbekannt. Ihr Status als hohe Frau, als Herzogin und geborene Königin (Königstochter) blieb jedoch gewahrt.

5 Hedwigs Ende und Erbe

STERBEN UND TOD

Hedwig scheint des Öfteren gesundheitlich nicht stabil gewesen zu sein. Zumindest weisen die Medikamentenlieferungen des Jahres 1485 aus Landshut und die Einrichtung einer ersten Apotheke 1501/02 in Burghausen darauf hin, wie Dorners Auswertungen der herzoglichen Mautrechnungen und städtischen Kammerrechnungen unterstreichen. Allerdings kamen die schwere Erkrankung der Herzogin in den Faschingstagen 1502 und ihr Tod doch für alle überraschend.

Der Rat der Stadt ließ in den drei letzten Faschingstagen, die zumeist recht turbulent waren – »als etlich Bürger im Vaschang drey Nächt auf der Gassen gangen« –, den Nachtwächter aus Rücksicht auf die leidende Herzogin verstärkt für Ruhe sorgen. Zwei Ärzte wurden an ihr Krankenlager gerufen: Dr. Michael Schärdinger aus Salzburg und Herzog Georgs Leibarzt, Dr. Fink. Aromatisierte Salben und Kräutersäckchen sollten der Leidenden helfen. Weichseln, Granatäpfel, Pomeranzen, Muskat und Wein aus der Wachau wurden dabei verarbeitet oder der Herzogin gereicht.

Trotz aller Bemühungen schloss Hedwig am 18. Februar 1502 nach Empfang der Sterbesakramente für immer die Augen. Noch in ihrer Todesnacht erhoben sich in der Burgkapelle christliche Gesänge, während die Stadträte Burghausens die Klagefrauen zusammenriefen. Der Hofmeister der Burg schickte seinen Knecht zu Pferd nach Landshut, um Herzog Georg so schnell wie möglich die Nachricht vom Tod seiner Gemahlin zu überbringen. Umgehend sandte dieser Todesanzeigen an Verwandte, wie Markgraf Friedrich von Brandenburg, und bat darin, für seine »hertzensliebe Gemahl seliger und löblicher Gedechtnuss« Seelenmessen lesen zu lassen.

GRABLEGE IN RAITENHASLACH

In der Kirche des Zisterzienserklosters von Raitenhaslach befand sich eine der Grablegen der Wittelsbacher. Hier wurden der Ingolstädter Herzog Ludwig der Gebartete (1447),

Hedwigs Grablege: Kloster Raitenhaslach in früheren Zeiten (Stich von Anton Wilhelm Ertl, 1687).

aber auch Margarete von Österreich, die Gemahlin des Reichen Herzogs Heinrich, die 1447 aus dieser Welt schied, beigesetzt. Desgleichen fand nun die verstorbene Herzogin Hedwig dort ihre letzte Ruhestätte. Ihr Leichnam wurde in einer eigens angefertigten »Bett-Truhe«, also einem Sarg, auf einem Wagen von Burghausen nach Raitenhaslach überführt. Von der eigentlichen Beisetzung und der Zusammensetzung oder Größe der Trauergemeinde ist nichts weiter bekannt. Jedoch wurden am »Siebenten« und am »Dreißigsten«, also eine Woche bzw. einen Monat nach ihrem Tod, Gedenkgottesdienste in Raitenhaslach abgehalten. Dabei soll Herzog Georg am »Siebenten« anwesend gewesen sein, wie auch die Prälaten aus den umliegenden Klöstern Seeon, Baumburg und Neumarkt-Sankt Veit. In der Stadt Burghausen fand einen Monat lang jeden Tag in der Jakobskirche ein Trauergottesdienst statt, wobei »vier armen Weibenn« gegen Bezahlung vor den Kerzen einer errichteten Totenbahre knieten.

Der »Dreißigste« wurde dann auch in Raitenhaslach würdig begangen. Man stellte ein Gerüst auf, das mit schwarzen Tüchern behängt und von Kerzen umstellt wurde. Das Material dafür wurde mühsam auf einer von einem Pferd gezogenen Zille die Salzach aufwärts gefahren. Ein Knecht des

Kloster Raitenhaslach heutzutage.

Mesners läutete die Glocken der Klosterkirche, und unter den anwesenden Armen wurde – wie üblich – Geld verteilt.

Seit dem 12. Jahrhundert hatten sich in Raitenhaslach Zisterziensermönche niedergelassen, welche die dort bereits vorhandenen Gebäude zu einem respektablen Kloster und die kleine Kirche zu einer dreischiffigen Basilika mit drei Apsiden ausbauten. Erst in späteren Jahrhunderten wurde die mittelalterliche Kirche umgewandelt in eine einschiffige Wandpfeilerkirche mit immer prächtigerer Innenausstattung.

Im vorgelagerten Paradies (Vorhof) der Kirche fanden verschiedene Erbbegräbnisstätten ihren Platz, wohingegen vor dem Altar, der dem Heiligen Kreuz geweiht war und inmitten des Kirchenschiffs stand, sich das Hochgrab der Wittelsbacher erhob. Das prachtvolle Marmorgrabdenkmal soll nach der Beisetzung Hedwigs entstanden sein. Es war derart großartig, dass der Schweizer Benediktiner Blasius Hauntinger es in seinen Reisenotizen vom 19. Juni 1800 als ein »Mausoleum« bezeichnete. Allerdings verschwand die eindrucksvolle Wittelsbacher Grablege kurz darauf in der Folge der Säkularisation, denn bereits 1855 angestellte Nachforschungen in der nunmehrigen Pfarrkirche verliefen ergebnislos.

Damit ist heute von der letzten Ruhestätte der polnischen Königstochter nichts mehr zu sehen. Insgesamt waren in Raitenhaslach neun Wittelsbacher beigesetzt worden; Herzogin Hedwig war die Letzte von ihnen. Allerdings ließ vor einigen Jahren der Verein »Die Förderer«, der alle vier Jahre die »Landshuter Hochzeit« organisiert, der polnischen Braut und bayerischen Herzogin zur Erinnerung eine neue Grabplatte in dieser Kirche setzen.

Die Zisterze von Raitenhaslach, im Salzachtal unweit Burghausen gelegen, war nicht nur Kloster und Beisetzungsstätte, sondern auch Versammlungsort für politische Besprechungen. Seit Mitte des 13. Jahrhunderts engagierten sich die Landshuter Herzöge mit Ausstellung von Schutzbriefen, Schenkungen und Gewährung von Privilegien verstärkt für das Kloster.

Zu Lebzeiten der Herzogin Hedwig und ihres Aufenthalts in Burghausen regierten in Raitenhaslach folgende Äbte: Johann V. Holzer (1474–1483), Georg II. Lindtmayr (1483–1498) und Johann VI. Guetgeld (1498–1502). Abt Johann VI. bestattete im Februar 1502 die verstorbene Herzogin und segnete selbst wenige Monate später im August das Zeitliche. Sein Grabstein aus rotem Marmor mit Abbild kann heute noch in der dritten Kapelle auf der rechten Seite der ehemaligen Klosterkirche besichtigt werden.

DIE TRAUERREDE IN INGOLSTADT

Jakob Locher, genannt Philomusus, Humanist und Professor an der herzoglichen Universität Ingolstadt, verfasste, wie er einleitend selbst schrieb, auf Bitten der Universität und ihrer Studenten eine »Totenklage zu Ehren der berühmten Dame Hedwig, hervorgegangen aus dem Geschlecht der Könige von Polen, der äußerst rechtschaffenen Gattin des erlauchten Fürsten Georg« in lateinischer Gelehrtensprache. Die Universität Ingolstadt, 1472 gegründet von Herzog Ludwig dem Reichen, wünschte, »eine fromme Totenfeier« für die »verehrungswürdige Gattin des Herzogs Georg« zu veranstalten.

Im Gewand der literarischen Gattung des Fürstenlobs schrieb Locher eine Trauerrede in zwei Teilen: Im Prosateil werden die Verstorbene und ihr Leben gelobt, im poetischen

Totenklage am Jahrestag

»Feierlich wurde der erste Jahrestag von Hedwigs Tod durch die Stadt Burghausen in Raitenhaslach begangen. Der Stadtrat und die ›gesamte Gemeinde‹ sei ›in der Klag gestanden‹. Wachtposten besetzten alle Tore und das Rathaus. Die Klagefrauen fuhren auf zwei Schiffen, gezogen von Pferden, auf der Salzach nach Raitenhaslach. An Kosten insgesamt sind über 3 Pfund verrechnet.«

(Johann Dorner: Herzogin Hedwig und ihr Hofstaat, S. 166)

Teil folgen in elegischen Versen die Wehklagen und Tröstungen.

Lochers Totenklage, die dann auch gedruckt wurde, klingt in deutscher Übertragung auszugsweise so: »... Tot ist Hedwig, die tugendreiche Dame, die angesehene Heldin, abstammend von dem erhabenen Blut der Polen ... Sie war eine Frau, die von strahlender Berühmtheit war durch eine sehr fruchtbare Verzweigung einer Verwandtschaft voller Vornehmheit und durch rauchgeschwärzte Ahnenbilder, berühmt weit und breit ... auch allenthalben in Bayern. Diese sehr berühmte Königin hat vom Haus ihres Vaters, von dem jungfräulichen Gemach, von der Frauenwohnung voller Keuschheit mitgebracht zu ihrem hochberühmten Gemahl eine Mitgift und Tugenden, die nicht genug gelobt werden können und nicht ausgeschöpft werden können durch Lobpreisung von Menschen Gestorben ist die sittenstrenge Herzogin ... Vergieße Tränen, o Bayern! ...«

In einer der folgenden Wehklagen heißt es: »Ach, was für ein Schmerz! Der Tod, der wütende, hat unsere Herrin mit sich genommen; / der Tod, der wütende, hat eine Frau mit sich genommen, die berühmt war / durch einen großen Namen und durch Ehrentitel, / und die bedeutend war durch ihr gewandtes Benehmen, / königlichem Geschlecht entsprossen, ausgezeichnet durch Frömmigkeit, / hervorstechend durch ihren Charakter, angesehen durch ihre edle Abkunft. / Aus ihrem Schoß hätte hervorgehen können ein gewaltiger Sohn, / der in seiner Hand hätte halten können Bayerns Zepter, / der führen hätte können die heimischen Stämme und das weite

Hedwigs Trauerredner: Jakob Locher, genannt Philomusus, hielt die lateinische Nachrufrede 1502 an der Universität in Ingolstadt (Titelblatt der Trauerrede, hrsg. v. Alfons Beckenbauer, 1984)

Herzogtum / unter der Fahne des Krieges und in der Schlachtreihe. / Der Tod, der wütende, hat nun mit sich genommen das treue Unterpfand Georgs, / unseres unbesiegten Fürsten. O Schmerz, o Schande!«

Mit diesen Sätzen spielte der Verfasser der Trauerrede deutlich darauf an, dass Herzogin Hedwig keinen Sohn und Erben zur Welt gebracht hatte. Mit den hinterlassenen zwei Töchtern galt vielen die Zukunft des Herzogtums Bayern-Landshut als ungewiss – nicht zu Unrecht, wie sich zeigen sollte.

DER NACHLASS

Kurz nach Hedwigs Tod wurde das übliche Nachlassverzeichnis erstellt. Es umfasst mehrere Seiten, auf denen die persön-

Jakob Locher, genannt Philomusus

Jakob Locher wurde 1471 im schwäbischen Ehingen an der Donau geboren, das damals zum Habsburger Herrschaftsbereich gehörte (Vorderösterreich). Er besuchte die Lateinschule in Ulm und studierte an den Universitäten Basel, Freiburg, Ingolstadt sowie in Italien. Dort wandte er sich dem Humanismus zu und nannte sich von da ab der Sitte gemäß Philomusus, was so viel wie »der die Musen Liebende« heißt. 1495 lehrte er an der Universität Freiburg und wurde 1498 von Kaiser Maximilian I. mit einem Lorbeerkranz zum »poeta laureatus« gekrönt. Kurz darauf übernahm er den verwaisten Lehrstuhl des Conrad Celtis an der bayerischen Universität Ingolstadt. Er lehrte hier Poesie und Rhetorik. Locher war zu dieser Zeit erst 28 Jahre alt. Mit einer kurzen Unterbrechung von drei Jahren blieb er insgesamt 27 Jahre in Ingolstadt. Mit 43 Jahren verehelichte er sich in einer – wie es heißt – geradezu fürstlichen Hochzeitsfeier. Die letzten Jahre seines Lebens war er gesundheitlich beeinträchtigt. Locher starb am 4. Dezember 1528.

liche Hinterlassenschaft der Herzogin aufgelistet wurde. Darunter waren 38 Kleider, 20 Röcke, 2 Reitröcke und 1 Reitmantel, 9 Schauben und 6 Mäntel sowie Wagentücher, andere Tücher und Teppiche. Dazu kamen noch zahlreiche Pelze aus Zobel und Hermelin, gefüttert mit Samt und Atlas. Wäsche wie Schürzen und Unterröcke wurden ebenso sorgfältig aufgeführt wie ein Himmelbett mit Umhängen, Polstern, Kissen und einer Bettdecke. Andere Wertgegenstände umfassten vergoldete und versilberte Becher, Becken, Kredenzen und Leuchter, zumeist mit dem polnischen Wappen versehen. Dies alles stammte überwiegend aus der Aussteuer der polnischen Königstochter. Besonders wurden aber auch Geschenke aufgeführt, die Hedwig zumeist zu ihrer Hochzeit von Städten, der Geistlichkeit oder Klöstern erhalten hatte – überwiegend goldene oder vergoldete Becher.

Dies alles wurde nun nach Landshut geschafft, bis auf wenige Ausnahmen: Einige Stücke wurden anderen vermacht. So erhielt das Kloster Raitenhaslach eine »Schaube aus Atlas«, St. Jodok in Landshut ein »graues vergoldetes Kleidungsstück« und das Kloster Altenhohenau ein »braunes Kleidungsstück aus Samt«; die Elisabethenkapelle auf der Burg in Burghausen bekam einen »blauen Rock aus Samt« und St. Anna in der Burghauser Pfarrkirche eine »blaue Schaube von Atlas«.

Von Gegenständen, die an ihre Töchter gehen sollten oder an andere Erben, erfahren wir nur, dass einen kleinen versilberten Trinkbecher, den Hedwig selbst benutzt und in ihrem Kirchstuhl aufbewahrt hatte, mitsamt drei weiteren Bechern ihre Tochter Margarete erhielt. Diese war damals bereits Nonne im Kloster Altenhohenau.

Von weiteren Vermächtnissen oder gar einem eigenständigen Testament Hedwigs, der Herzogin von Bayern-Landshut und geborenen polnischen Königstochter, ist nichts überliefert.

6 Nachkommen und Niedergang

HEDWIGS TÖCHTER

Geboren 1480 in Burghausen trat Margarete, die jüngere der zwei Töchter Hedwigs, als Dreizehnjährige ins Dominikanerinnenkloster Altenhohenau ein. Sie brachte zwei Begleiterinnen – Barbara Obtacherin aus Burghausen und Barbara Rimpeckin aus Landshut – sowie 16 000 Gulden mit. Als Mitglied der Herzogsfamilie und da sie »zart aufgezogen« worden und »nicht von dem stärksten Menschen« war, durfte sie auch an den Fasttagen Fleisch essen und musste nicht am allgemeinen Tisch der Klosterschwestern sitzen. Auch erhielt sie ein eigens für sie erbautes Haus, in dem sie wohnte und schlief. Ihr war es erlaubt, Wäsche aus Leinen zu tragen und öfters Besuch zu empfangen. Im Laufe der Zeit erlernte sie Latein und legte 1495 die Profess ab. Sie war im Kloster beliebt und – wie man sagte – »allen ihren Mitschwestern ein Vorbild«. Sehr willkommen waren auch die Lieferungen von Köstlichkeiten aus dem Herzogshaus, die sie mit den Nonnen teilte. 1499 wurden beispielsweise 91 Körbe Weinbeeren, sechs Körbe Pfirsiche mit Quitten sowie elf Eimer und 45 Maß bayerischen Weins ins Kloster geschafft.

Margarete hatte mit ihrem Klostereintritt auf eine Heirat und ein umfangreiches Erbe verzichtet. Nicht so Hedwigs ältere Tochter Elisabeth, die 1478 in Burghausen auf die Welt gekommen war. Sie wurde am 10. Februar 1499 in Heidelberg mit dem drei Jahre jüngeren Pfalzgrafen Ruprecht vermählt. Ruprecht (1481–1504) war zu dieser Zeit zwar Bischof von Freising; weil er aber nur die niedrigen Weihen empfangen hatte, entsagte er allen geistlichen Würden und durfte mit päpstlicher Erlaubnis seine Cousine ehelichen. Diese hatte Aussicht auf das reiche Bayern-Landshut, da ihre Eltern keinen männlichen Nachkommen besaßen. Ihr Vater Georg hatte in seinem Testament vom 19. September 1496 seine älteste Tochter und deren zukünftigen Ehemann zum Erben des Herzogtums bestimmt.

Damit überging er jedoch seinen Münchner Vetter Herzog Albrecht IV., denn die Vereinbarungen des Wittelsbacher Tei-

Hedwigs jüngere Tochter: Margarete von Bayern-Landshut als Äbtissin des Benediktinerinnenklosters zu Neuburg (Gemälde von Hans Wertingen, um 1528)

lungsvertrags von 1392 und zudem des Erdinger Vertrags von 1450 sahen vor, dass die männliche Erbfolge innerhalb der Familie und ihrer Linien Vorrang vor der weiblichen haben sollte.

DER LANDSHUTER ERBFOLGEKRIEG

Die Lage spitzte sich zu, als Herzog Georg von Bayern-Landshut am 1. Dezember 1503, fast zwei Jahre nach dem Tod seiner Gemahlin Hedwig, starb. Kurz vorher, 1502, hatte er seinen Schwiegersohn adoptiert und ihn zum Statthalter des Herzogtums ernannt. Ruprecht war der drittgeborene Sohn von Herzog Georgs Schwester Margarete (1456–1501), die Philipp den Aufrichtigen, Kurfürst von der Pfalz aus dem Hause Wittelsbach, geehelicht und ihm neben Ruprecht 13 weitere Kinder geboren hatte.

Herzog Georgs Tod in Ingolstadt war vier Tage lang geheim gehalten worden, ehe sein Leichnam nach Landshut überführt und ohne Prunk in Kloster Seligenthal beigesetzt wurde. Die Geheimhaltung sollte seinen Erben die Möglichkeit verschaffen, sich rechtzeitig als Nachfolger zu etablieren. So wurden denn auch die Residenzen Landshut und Burghausen umgehend von den Pfälzern besetzt. Vor allem der reiche Schatz sollte nicht in falsche Hände geraten. Gleich am Anfang der Auseinandersetzungen ließ Pfalzgraf Ruprecht Geld, Gold, Silber und andere Kostbarkeiten mit 70 sechsspännigen Wagen von Burghausen ins damals pfälzische Neuburg an der Donau transportieren, um dort für die Kriegszeiten einen besseren Zugriff zu haben.

Bereits zu Beginn des Jahres 1504, rund einen Monat nach Georgs Tod, brach der Streit um das Erbe des Herzogs aus, denn weder Herzog Albrecht IV. von Bayern-München noch der römisch-deutsche König und spätere Kaiser Maximilian I., ein Habsburger, erkannten Georgs Testament an. Sie bestanden auf den alten Abmachungen, wobei Maximilian die Chance sah, sich durch Landabtretungen zu bereichern. Er erhielt schlussendlich aus den Herrschaften und Gerichtsbezirken des Landshuter Herzogtums Kufstein, Rattenberg, Kitzbühel, das Zillertal, Spitz in der Wachau, Wildeneck mit dem Kloster Mondsee, Kirchberg, Weißenhorn sowie einige Herrschaften in Schwaben. Dieses sogenannte »Interesse« hatte ihm Herzog Albrecht gegen Kriegshilfe versprochen.

Somit hatten sich zwei Kriegsparteien gebildet: Auf der einen Seite befanden sich Herzog Albrecht von Bayern-München und der zukünftige Kaiser; ihnen schlossen sich noch der Schwäbische Bund, Herzog Ulrich von Württemberg, Landgraf Wilhelm von Hessen, Markgraf Friedrich von Brandenburg, Pfalzgraf Alexander von Zweibrücken-Veldenz und die Reichsstadt Nürnberg an. Auf der anderen Seite, derjenigen Elisabeths und Ruprechts, standen die Kurpfälzer und der niederbayerische Adel.

Hedwigs ältere Tochter: Elisabeth von Bayern-Landshut mit ihrem Gemahl, dem Pfalzgrafen Ruprecht (Stich von J. Amman, um 1581)

Im Sommer 1504 begann der »Landshuter Erbfolgekrieg«, aus dem vier Monate lang keine Partei als Sieger hervorging, da man die offene Schlacht zu vermeiden versuchte. Dennoch litt das Land unter den Verwüstungen der Soldateska; Plünderungen und Feuersbrünste waren an der Tagesordnung. In einem Gefecht bei Landshut am 20. August 1504 verlor der später mit Goethes Drama bekannt gewordene Götz von Berlichingen durch eine Geschützkugel – aus eigenen Reihen, wie es heißt– seine rechte Hand. Er kämpfte auf der bayerischen Seite.

Inzwischen war in Landshut eine schwere Epidemie aus gebrochen. Der Ruhr erlag am 20. August 1504 Pfalzgraf Ruprecht, woraufhin sein Vater Kurfürst Philipp am 10. September 1504 mit König Maximilian einen Waffenstillstand schloss.

Hedwigs Tochter Elisabeth, obwohl nun Witwe, die zu ihrem Gemahl auch noch 1504 zwei Söhne an die Ruhr verloren hatte, ließ sich nicht entmutigen. Sie griff jetzt persönlich in die kriegerischen Auseinandersetzungen ein. Entschlossen setzte die verbliebene Pfälzer Partei unter Elisabeths Führung den Krieg fort, zumal die Böhmen in der Oberpfalz eingriffen und sie stärkten. Elisabeth soll, obwohl angeblich schwanger, in einer Rüstung hoch zu Ross ihre Soldaten angefeuert und sogar selbst Geschütze ausgerichtet haben. Eine wahrhaft großartige niederbayerische Amazone! Allerdings kam es am 12. September 1504 in der Feldschlacht bei Wenzenbach (s. Abb. S. 86) nahe Regensburg zur entscheidenden Niederlage. Die Erbin von Bayern-Landshut wurde drei Tage später, am 15. September 1504, mit nur 26 Jahren ebenfalls von der Ruhr dahingerafft.

Der Historiker und Archivar Stahleder sieht in Hedwigs und Georgs Tochter »Mittelpunkt und Triebkraft dieser Auseinandersetzung: Denn sie allein, nicht ihr Pfälzer Gemahl, konnte an die niederbayerischen Untertanen appellieren und sie zum Kampf für das angestammte Herrscherhaus um sich scharen.« Selbst widerstrebende Landshuter Bürger mussten sich ihrem Mut und ihrer Tatkraft beugen, als Elisabeth am 17. April 1504 im bayerischen Waffenrock vor das Landshuter Rathaus fuhr und die versammelten Bürger zur Huldigung zwang.

FRIEDENSSCHLUSS UND FOLGEN

Der Kampf um das Herzogtum Bayern-Landshut endete schließlich mit dem »Kölner Schiedsspruch«, dem Friedensvertrag vom 30. Juli 1505. Das inzwischen geschmälerte Herzogtum Bayern-Landshut ging an Herzog Albrecht IV. von Bayern-München über. Nachdem König Maximilian für

Kaiser Maximilian I. hatte ein bestimmtes »Interesse« am Landshuter Erbfolgekrieg: Landgewinn.

Habsburg einige Filetstücke herausgelöst hatte, bedienten sich auch die anderen Waffenbrüder: Herzog Ulrich von Württemberg erhielt Heidenheim, die Reichsstadt Nürnberg bekam Altdorf, Hersbruck, Lauf und Velden, die anderen siegreichen Kriegsparteien belohnten sich mit Kurpfälzer Gebieten am Rhein.

Damit gab es das eigenständige und reiche Herzogtum Bayern-Landshut nicht mehr. Der Münchner Herzog Albrecht IV. erließ am 8. Juli 1506 das sogenannte Primogenitur-

Gesetz, um das alleinige Erbrecht für den männlichen Erstgeborenen zu sichern und damit eine neuerliche Teilung des nunmehr geeinten Herzogtums Bayern für die Zukunft zu verhindern.

Elisabeth, die Erbin von Bayern-Landshut, Hedwigs und Georgs Tochter, fand ihre letzte Ruhestätte an der Seite ihres Gemahls im Kloster Seligenthal. Sie hinterließ zwei unmündige Söhne, Ottheinrich und Philipp, sowie ihre Schwester Margarete. Diese war inzwischen wegen der Auswirkungen des Erbfolgekrieges aus dem Kloster Altenhohenau nach Wasserburg und schließlich 1506 ins Kloster der Benediktinerinnen nach Neuburg an der Donau, in die neue Residenzstadt ihrer Neffen Ottheinrich und Philipp, gezogen. Da sie ihre Rückkehr ins Kloster Altenhohenau jedoch verweigerte, belegte der Papst sie mit dem Kirchenbann, der erst 1508 wieder gelöst wurde. 1509 zur Äbtissin des Benediktinerinnenklosters in Neuburg a. d. Donau gewählt, trat sie 1521 von diesem Amt zurück und starb 1531.

HEDWIGS ENKEL UND DIE »JUNGE PFALZ«

Mit Margarete wurde – wie viele meinen – die Letzte aus der Wittelsbacher Linie Bayern-Landshut in der Klosterkirche der Benediktinerinnen zu Grabe getragen. Aber sie war nicht die Letzte, denn es gab da noch die Enkelkinder Hedwigs und Georgs, die unmündigen Söhne Elisabeths und Ruprechts mit Namen Ottheinrich, drei Jahre alt, und Philipp, zwei Jahre alt, die Nachkommen der »reichen Herzöge«. Sie erhielten sozusagen als Abfindung und zum Unterhalt ein neu zusammengefügtes Herzogtum, genannt »Pfalz-Neuburg«. Es umfasste einige Dörfer und Städte an der Donau mit Neuburg als Residenz und – eine gute Strecke davon entfernt – (Burg-) Lengenfeld mit der alten wittelsbachischen Burg auf dem Bergrücken.

Das neue Fürstentum war klein und warf wenig ab, so dass die letzten Landshuter Nachkommen beständig unter Geldnot litten. Ottheinrich klagte noch Jahre später, dass sein Großvater Herzog Georg 120 000 Gulden Einkommen jährlich

Schlacht bei Wenzenbach (Zeichnung von Albrecht Altdorfer, 1504)

gehabt hatte, wohingegen seinen zwei Enkelsöhnen nur 24 000 Gulden zur Verfügung stünden.

Als Kinder unterstanden die beiden Söhne Elisabeths und Ruprechts der Vormundschaft ihres Onkels Pfalzgraf Friedrich. Sie erhielten eine standesgemäße Ausbildung. Der jüngere Philipp wurde für die geistliche Laufbahn bestimmt und studierte 1516 an der Universität Freiburg sowie danach in Paris. Ottheinrich begleitete einstweilen Pfalzgraf Friedrich auf dessen Reise nach Spanien zu Karl V., um diesen von seiner Wahl zum Kaiser zu unterrichten. Danach bereiste Ottheinrich bis zum Jahre 1520 zahlreiche Länder Europas. Vormund Friedrich, der großzügig in Amberg residierte, erklärte seine beiden Schützlinge 1522 trotz der warnenden Stimmen, die keine umsichtige Regentschaft der jungen Fürsten erwarteten, für mündig. Jagden, Turniere, Feste, Feiern und Fehden leerten denn auch in den folgenden Jahren den Geldsäckel, da vom ehemals märchenhaften Schatz der »reichen Herzöge« wegen der hohen Kriegskosten nichts mehr übrig war.

Zukunft der Residenzen Burghausen und Landshut

Als Niederbayern bzw. Bayern-Landshut nach 1505 Oberbayern bzw. Bayern-München eingegliedert wurde, stellte sich das Problem, was nun aus den zwei Residenzen in Landshut und Burghausen werden sollte.

Bei der Burg zu Burghausen trat jetzt immer mehr der Befestigungscharakter hervor. Allerdings wurde sie nochmals zur Residenz, als nach dem Tod Herzog Albrechts IV. 1508 die Münchner Erbprinzen Wilhelm und Ernst für einige Jahre mit ihrem Erzieher, dem berühmten bayerischen Geschichtsschreiber Aventinus, hier Wohnung nahmen. Danach war sie nur mehr ein Sitz der Verwaltung. Auch die Trausnitz erlitt ein ähnliches Schicksal. Noch einmal jedoch wurde sie Residenz mit einer fürstlichen Hofhaltung 1516 durch Ludwig X. Dieser zog sich nach Landshut zurück und residierte dort bis zu seinem Tode 1545. Er ließ die Burg ausschmücken und erbaute im Stil der italienischen Renaissance eine Stadtresidenz. In den Jahren 1568–79 nahm Wilhelm V. auf der Trausnitz seinen Wohnsitz und gestaltete die Burg im Renaissancestil aus. Sein Sohn, der spätere Kurfürst Maximilian I., erblickte hier das Licht der Welt. In dieser Zeit war die Burg zu einer Zweitresidenz der Münchner Linie geworden. Danach entwickelte sie sich zu einem Verwaltungszentrum und wurde zu einer der Hauptstädte Bayerns. Überraschenderweise bezog gegen Ende des 18. Jahrhunderts, als 1799 der Pfälzer Wittelsbacher Maximilian IV. (I.) Joseph zum Kurfürsten von Bayern wurde (ab 1806 König), mit Wilhelm eine Seitenlinie der Pfälzer Wittelsbacher, nämlich Birkenfeld-Gelnhausen, für einige Jahre das Landshuter Stadtpalais. Er ließ im Burgbereich ein kleines Schloss im klassizistischen Stil errichten. Wilhelm, Vetter Maximilians, erhielt den Titel Herzog *in* Bayern.

Heute unterstehen die Burgen der Bayerischen Verwaltung der staatlichen Schlösser, Gärten und Seen.

Hedwigs Enkel: Ottheinrich von Pfalz-Neuburg, Kurfürst von der Pfalz (seit 1556), war der ältere Sohn Elisabeths und Ruprechts von der Pfalz und ging als berühmter Heidelberger Renaissancefürst in die Geschichte ein.

Allerdings zeigte sich ein Silberstreif am Horizont: Ottheinrich stieg zum Anwärter auf die Pfälzer Kurwürde auf. Beide Onkel, Ludwig und Friedrich, besaßen keine Söhne, und so wurde der Neffe Ottheinrich 1525 nach Heidelberg berufen, um in die Geschäfte eingeweiht zu werden. Er war ein schon in jungen Jahren beleibter, fröhlicher Mann, der die Geselligkeit liebte. Sein Bruder Philipp hingegen, eher schmal und kränklich, weihte sich nicht, wie vorgesehen der Kirche, sondern dem Kriegshandwerk. Er wurde zum bewunderten Sieger von Wien, das er 1529 vor der Einnahme durch die Türken rettete.

Danach gelang Philipp nichts mehr: Als kaiserlicher Statthalter in Württemberg in der Schlacht bei Lauffen

Hedwigs Enkel: Philipp von Pfalz-Neuburg, genannt der Streitbare, war der jüngere Sohn Elisabeths und Ruprechts von der Pfalz.

schwer verwundet, verlangte er 1535 von seinem Bruder die Teilung der bereits verschuldeten »Jungen Pfalz«; dieser willigte ein. Sechs Jahre später war Philipp jedoch bereits bankrott und überließ alles wieder Ottheinrich. Dieser übergab, nachdem er beispielsweise das Neuburger Schloss im Renaissancestil hatte ausbauen lassen und über eine Million Schulden angehäuft hatte, nun selbst die »Junge Pfalz« an die Landstände und ging ins Exil zu den Verwandten nach Heidelberg und Weinheim. Erst 1552 durfte er nach Neuburg zurückkehren.

Pfalzgraf Philipp hingegen war 1548 unter widrigen Umständen an einem Magenleiden und an Auszehrung gestorben.

»Philippsen Klag«

Ottheinrich schrieb in seinem Bericht über das Sterben seines Bruders Philipp nieder: »Im 41. Jahr da übergab mir mein Bruder sein Teil Land und 320 000 Gulden Schulden, in sechshalb Jahren gemacht, und behielt nur ohne Land noch Leuten das Silbergeschirr; Kleider ließ ich ihm, auch etlich Tapezereien, Bettgewand, Aufschläg, Küchengeschirr. Und schenket ihm darzu ob 5 000 Gulden Wert ohn alle Fahrnis. Gab ihm rasch nach Laut des Vertrags jährlich 1 200 Gulden und bewilliget ihm auf zehn Pferd, vierzehn Personen mitzuteilen. Er zog wohl gen Neuburg, aber er blieb nit lang da, zog wieder gen Lengenfeld in die Kanzlei. Da hielt er armselig Haus, hatt oft nicht mehr dann drei Personen, darunter einen vom Adel. Darnach hatt er nit mehr dann einen Fuhrknecht, der ihn führet, blieb zu Nacht in den Wäldern liegen, und wo er Einöden wußte, da lag er gern und sonderlich auf dem Fischerhäuslein auf dem Wolfelde. Das treib er an, bis Kurfürst ihm gab 500 Gulden zu einer Zubuße, da nahm er wieder Diener an. Ich hätt ihn gern bei mir gehalten und geholfen, soviel mein Vermögen wär gewest, er wollt ihm aber nit helfen lassen.«

»Den 12. Mai (1548) ist mein Bruder gen Heidelberg, in Meinung, sich lassen arzneien (kurieren) am Magenweh, das er mitbracht von Augsburg. Da schlug die Kugel leider um und war am Sonntag, den 14. Mai sehr schwach, dann daß er sich hat die Nacht des Sterbens verwegen. Doch hat Dr. Hans sich angenommen und dahin bracht in vierzehn Tagen, daß mein Bruder hat wieder gen der Neustadt wollen reiten. So schlug es doch wieder um und kam ihm der Magenweh wieder und hat also sechs Wochen lang stets Schmerzen gehabt bis an sein End. Doch ist der Kopf und die Vernunft gut blieben ... Was auch der Prediger Magister Wolfgang meinem Bruder gebetet und getröst, hat er alles verstanden und gut Zeichen geben, zu sterben, wie er auch getan hat am 4. Tag Juli gegen der Nacht, nach den acht, christlich in Gott verschieden, dem Gott eine fröhliche Urständ verleih.«

»Ist also mein lieber Bruder selig, zeitlich, davon zu reden, für einen Fürsten elendiglich gestorben, daß ich glaub, in vielen Jahren kein Fürst nie also elend ist gestorben ...«

(zitiert nach Erich Stahleder, Die Kinder und Enkel der Hedwig von Polen, Landshut 1965, S. 16f.)

Ottheinrich traf es besser. Er beerbte die Brüder seines Vaters Ruprecht, Kurfürst Ludwig, der 1544 starb, und seinen ehemaligen Vormund Friedrich, der nachfolgend Kurfürst wurde und bereits 1556 das Zeitliche segnete. Ottheinrich zog jetzt als neuer Kurfürst von der Pfalz ins Heidelberger Schloss ein. Er war damit der erste unter den weltlichen Kurfürsten und Erztruchsess des Heiligen Römischen Reiches deutscher Nation.

Kurfürst Ottheinrich war zum überzeugten Lutheraner geworden, führte die Reformation in der Pfalz ein und reformierte in diesem Sinne die Universität Heidelberg, vergrößerte die Buchbestände der berühmten dortigen Bibliothek, der Palatina, und ließ die prächtige Renaissance-Fassade des Heidelberger Schlosses erbauen.

Privat hatte Ottheinrich allerdings weniger Glück. Seine Gemahlin Susanna, die er als Dreißigjähriger geheiratet hatte, war bereits 1543 gestorben, ohne ihm einen Erben zu hinterlassen. Am 12. Februar 1559 verließ auch Kurfürst Ottheinrich diese Welt – und mit ihm endete die mütterliche Landshuter Linie der bayerischen Wittelsbacher wie auch die väterliche Heidelberger Linie der Pfälzer Wittelsbacher.

7 Nachleben: »Himmel Landshut – Tausend Landshut! Hallooo!«

MALEREIEN IM RATHAUS

Erstmals wurde die Landshuter Hochzeit von 1475 als Teil eines großen Maskenzugs während des königlichen Hofballes zu München am 30. Januar 1828 aufgeführt. Dabei stellten zwölf Paare »im treuen Costüme damaliger Zeit«, wie es hieß, den Hochzeitstanz in Form einer Quadrille dar, wobei mit der Historie sehr frei umgegangen wurde und ausschlaggebend wohl die Pracht der Kostüme war: Es traten Paare auf, die keinesfalls auf der historischen Landshuter Hochzeit zugegen waren, beispielsweise der französische König und seine Gemahlin. Deshalb haben wir es bei dieser Darbietung eher mit Fiktion zu tun, die allerdings die historische Landshuter Hochzeit von 1475 wieder ins Gedächtnis rief.

Dieser Kostümball im bayerischen Königshause blieb lange Zeit die einzige Erinnerung an die historischen Ereignisse, bis im alten Rathaus der Stadt Landshut ein neogotischer Saal von Georg Hauberrisser gestaltet wurde. Dessen Längswände sollten nun Wandgemälde zieren, die gemäß der Mode des ausgehenden 19. Jahrhunderts die ruhmreiche Historie der jeweiligen Stadt, in diesem Fall Landshuts, ins Bild rückten. So entstand in den Jahren 1880 bis 1883 ein Zyklus aus sieben Fresken, ausgeführt von den Münchner Künstlern August Spieß, Ludwig Löfftz, Rudolf Seitz und Konrad Weigand.

In diesen monumentalen Wandgemälden werden uns Szenen der Landshuter Fürstenhochzeit von 1475 vor Augen geführt, beispielsweise der von vier Schimmeln gezogene goldene Wagen mit der bräutlichen Königstochter Hedwig, daneben hoch zu Ross der Bräutigam und Herzogssohn Georg. Kaiser Friedrich III. mit seinem Sohn Erzherzog Maximilian ist ebenso prächtig gewandet zu sehen wie Kurfürst Albrecht Achilles mit seiner Gemahlin sowie Vertreter der Städte, des Klerus, aber auch Ritter, Adelige und Ehrenjungfrauen, der herzogliche Herold und Geharnischte, Landsknechte, Musiker, Narren,

Landshuter Hochzeitszug: Fürstenpaar mit Gefolge (historisierendes Wandgemälde im Rathaus zu Landshut, 19. Jh.)

prächtige Rösser, Hunde und vieles mehr. Alle erzählen bildhaft von der Pracht der Fürstenhochzeit im Jahr 1475.

LANDSHUTER HOCHZEIT UND MITTELALTER-SPIELE

Diese Bilder vor Augen gründeten Josef Linnbrunner und Georg Tippel 1902 einen Verein namens »Die Förderer« mit dem Ziel, den historischen Hochzeitszug von 1475 originalgetreu wieder durch die Straßen der alten Landshuter Stadt ziehen zu lassen. Bereits am 15. August 1903 fand der erste Festzug mit 248 Mitwirkenden statt, dem in gewissen Jahresabständen zahlreiche weitere folgten; damit ließ man das späte Mittelalter immer wieder aufleben. Bereits 1905 wurde der eigentliche Hochzeitszug mit einem Festspiel, verfasst von Georg Schaumberg (1855–1931), einem Münchner Schriftsteller, ergänzt. Das Spiel wurde vor dem Hochzeitszug im Rathausprunksaal auf-

geführt und leitete somit das ganze Historienfest ein, welches auf der Grieserwiese mit einem Ringelstechen sowie dem Lagerleben der Landsknechte endete.

Dazu vermerkte das Programmheft von 1905 stolz: »Die letzten Jahrzehnte sahen in verschiedenen Städten Bayerns Festspiele entstehen, die, auf volkstümlicher Grundlage ruhend, ein erfreuliches Wachsen des historischen Sinnes, patriotisches Empfinden, und nicht zuletzt künstlerische Gestaltungskraft bekunden. In die Reihe dieser Städte – Rothenburg, Dinkelsbühl, Kraiburg sind als die bekanntesten zu nennen – tritt nun auch Landshut a./Is. mit der ›Hochzeit Georg des Reichen 1475‹.«

Mit dem Historienspiel samt Hochzeitszug von 1905 war die Grundlage für eine wiederkehrende historische Festveranstaltung gelegt, die sich zur größten in Deutschland entwickeln sollte.

Seit 1981 findet das prächtige Schauspiel alle vier Jahre statt: Über 2000 Landshuterinnen und Landshuter wirken dabei mit und über 70 Gruppen beteiligen sich an den vier Aufführungswochenenden. Im Laufe der Jahre reicherten sich die mittelalterlichen Darbietungen immer mehr an. Ge-

Landshuter Hochzeitszug: Bayerische Fürsten gefolgt vom hohen Klerus mit Begleitung (historisierendes Wandgemälde im Rathaus zu Landshut, 19. Jh.)

boten wurden/werden: seit 1924 ein Tanzspiel (neu 1975), seit 1925 ein Turnier (fortlaufend seit 1953), 1965 kamen historische Musikaufführungen dazu, und ab 1981 gab es ein neues Festspiel von Leopold Ahlsen. 1953 wurde der Festplatz umgestaltet in einen Lager-, Turnier- und Zehrplatz; seit 1959 finden dort Spiele im nächtlichen Lager statt.

Von Anfang an legten die Veranstalter Wert auf eine möglichst genaue Wiedergabe des Historischen, das heißt Gewänder, Waffen, Ausstattung, Haartracht usw. sollten so nah wie nur möglich Originaltreue aufweisen. Natürlich spielten dabei die Kostüme eine zentrale Rolle. Franz Högner, Landshuter Maler und Grafiker, wurde in den 1930er Jahren beauftragt, die historischen Vorlagen zu recherchieren und danach Entwürfe zu zeichnen. Hauptsächlich nahm er dabei Bezug auf die burgundisch-niederländische Mode des späten 15. Jahrhunderts.

Der Verein »Die Förderer« veranstaltet seit 1903 bis heute die »Landshuter Hochzeit«. Vor den Augen des staunenden Publikums lebt dabei die Pracht des historischen Hochzeitszuges wieder auf. Die Gäste lassen sich »in ein Fest entführen«, so formulierte es die Broschüre zur Jubiläumsauf-

führung 2013, »das durch seine historische Treue zum Dokumentarspiel geworden ist. Das ›Festspiel‹ im Rathaussaal macht sie mit den aufregenden Vorgängen des Jahres 1475 vertraut. Die Konzerte ›Musik zu des Fürsten Hochzeit‹ und ›Laudate Dominum‹ vermitteln den Besuchern die Musikkultur der damaligen Zeit. Die szenische Burleske ›Nächtlicher Mummenschanz‹ und das ›Tanzspiel‹ lassen sie die zeitgenössische Musik, Tänze und Spiel erleben. In der ›Tavern in der Steckergassen‹ frönen sie dem mittelalterlichen Leben bei Musik, Speis und Trank. Bei der ›Fechtschule auf der Burg‹ erhalten sie Einblick in die Kampfkünste des Fechtmeisters Paulus Kal. ›Festliche Spiele im nächtlichen Lager‹ stimmen die Gäste auf das große Fest ein … und auf der ›Wiesmahd‹ erleben sie spannende ›Reiter- und Ritterspiele‹.«

Allerdings gibt es hie und da einige unhistorische Details, wie Erika Stadler in ihrem Vortrag »Vom Werden eines Festes« 1991 anmerkte. So bestanden 1475 beispielsweise die Beinkleider der männlichen Darsteller noch nicht aus gestricktem Trikot, sondern aus gewebtem Stoff. Auch findet die »Landshuter Hochzeit« heutzutage im Sommer statt, nicht – wie das historische Vorbild – im trüben und regneri-

Landshuter Hochzeitszug: Hedwig im goldenen Brautwagen, daneben Herzog Georg auf einem Rappen reitend sowie Gefolge (historisierendes Wandgemälde im Rathaus zu Landshut, 19. Jh.)

schen November. Jedoch sollte man die Originaltreue nicht allzu weit treiben, was uns genannte Referentin in einer Anekdote augenzwinkernd verdeutlich: »Im Jahre 1985 war es, als eine Darstellerin nach längerer Pause wieder ein Kostüm trug, um der ›Hochzeit‹ als Führerin in der Martinskirche nützlich zu sein. Da hielt sie ein Gast auf der Straße an, um eine Aufnahme zu machen. Auf ihren Einwand hin, daß er noch viele junge Fürstinnen und junge edle Damen in den herrlichsten Gewändern vor die Kamera bekommen würde, wenn er ein wenig warten wollte, entgegnete er ihr, daß ihm gerade eine alte Frau besonders echt vorkäme. Darauf die Alte: ›Gewiß, wie Sie meinen. Ich könnte ja – falls Sie dies wünschen – auch noch die Zähne herausnehmen – dann wäre ich erst so recht der Zeit 1475 gemäß.‹«

Eine Hauptrolle bei diesem Historienspektakel spielt gewiss die Altstadt Landshuts, welche den originalen Rahmen für die Fürstenhochzeit von 1475 bietet. Höhepunkt der Festveranstaltungen allerdings war und bleibt der Hochzeitszug, wenn die begeisterten Zuschauer und alle Beteiligten vielstimmig jubelnd rufen: »Himmel Landshut – Tausend Landshut! Hallooo!«

Erste Hedwig-Darstellerin: Rosa Lindner, die Braut der Landshuter Hochzeit im Jahr 1903

Die »Landshuter Hochzeit von 1475«, die Festlichkeiten aus Anlass der Eheschließung zwischen Hedwig und Georg, stellt das höfische und städtische Leben der Spätgotik dar. Sie wirkt nicht bloß als touristischer Publikumsmagnet, sondern zählt seit 2018 zum immateriellen Kulturerbe Deutschlands. Bereits 2016 wurde sie – als eine der ersten Eintragungen – in das Landesverzeichnis bayerischen Kulturerbes aufgenommen.

Hans Carossa: Landshuter Hochzeit

»Fünfzehntes Jahrhundert! In Landshut hatten damals bayerische Herzöge regiert und der junge Herzog Georg, ein Sohn Ludwigs des reichen, vom Volk Jörg genannt, sollte die polnische Königstochter Hedwiga heimführen (...) Als heilige Stätte der Trauung war die Hauptkirche von St. Martin ausersehen, deren hohen, schlanken Turm, den höchsten des Landes, ich vierhundertzweiundzwanzig Jahre später mit meinen beiden Studienfreunden Walter und Hugo in den frohen Tagen unseres Abiturs ersteigen sollte. (...)

Unser Freund Hugo war es, der allen Freunden und Mitschülern in einer Art Rundschreiben bewies, daß wir geradezu verpflichtet wären, uns nach Jahr und Tag in unserer alten Studienstadt zu treffen und jenes herrliche Gedenkfest mitzufeiern, das in diesem Sommer eine besondere Bedeutung für uns hatte, besonders für unseren Freund Walter. Nach alter Landshuter Tradition sollte ja das anerkannt schönste junge Mädchen der Stadt im Festzug die Rolle der Braut übernehmen, und einstimmig war die Wahl auf Rosa Lindner gefallen, die Verlobte Walters, eine Tochter aus altem Bürgergeschlecht. (...)

Als wir aus dem Halbdunkel der Bögen in die helle freie Altstadt hinaustraten, ritt uns auf weißem Hengst der Herold der Stadt entgegen, der durch Tracht und Haltung ankündigte, daß nun der Festzug sich sogleich in Bewegung setzen würde. (...) Mitten aus der Altstadt aber winkte uns von weitem unser Freund Walter, und in einiger Entfernung erkannten wir nun auch den Brautwagen, in dem seine Verlobte langsam näherfuhr. (...) Rosa Lindner reichte uns über das goldene Gitter des Wagens herüber die Hand, und wir verneigten uns vor ihr.«

Aus: Hans Carossa über Landshut. Literaturtage in Landshut 1996.

Landshuter Hochzeit: Hochzeitszug von 2017 durch die Altstadt Landshuts (im Hintergrund der Turm von St. Martin)

Postbank

STAMMBAUM HEDWIGS VON POLEN

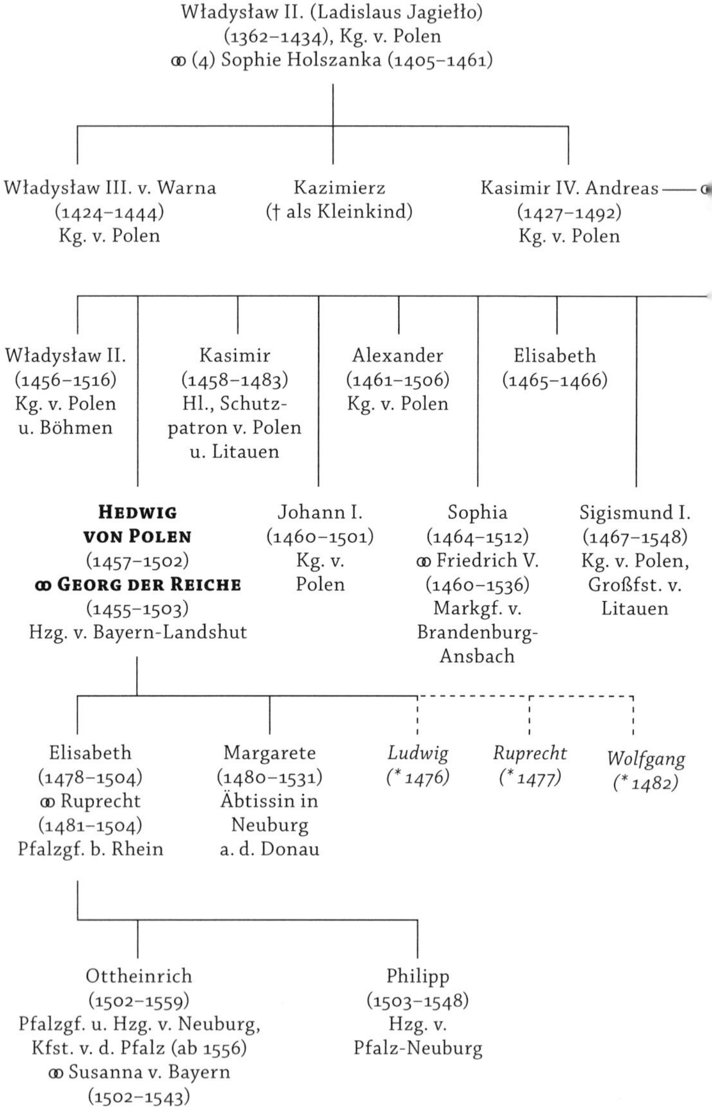

Albrecht V. v. Habsburg
(1397–1439), röm.-dt. Kg. (als Albrecht II.)
⚭ Elisabeth v. Luxemburg (1409–1442),
Erbin v. Ungarn u. Böhmen

- Elisabeth v. Habsburg (1436–1505)
- Anna (1432–1462) ⚭ Wilhelm (1425–1482) Hg. v. Sachen
- Georg (*/† 1435)
- Ladislaus Postumus (1440–1457) Kg. v. Böhmen u. Ungarn

- Friedrich (1468–1504) Bf. v. Krakau, Erzbf. v. Gnesen
- Elisabeth (*/† 1470 od. 1472–1480/81)
- Elisabeth (1472–1517 od. 1482–1517)
- Anna (1476–1503) ⚭ Bogislaw II. (1454–1523) Hzg. v. Pommern
- Barbara (1478–1534) ⚭ Georg d. Bärtige (1471–1539) Hzg. v. Sachsen

STAMMBAUM GEORGS DES REICHEN, HZG. VON BAYERN-LANDSHUT

Heinrich XVI. der Reiche
(1386–1450)
Hz. v. Bayern-Landshut
⚭ Margarete v. Österreich
(1395–1447)

- Johanna (1413–1444)
- Albrecht (1414–1416)
- Friedrich (1415–1416)
- Elisabeth (1419–1451)
- Margarete (1420–?)
- **Ludwig X. der Reiche** (1417–1479), Hzg. v. Bayern-Landshut — ⚭ —
  - Elisabeth (1452–1457)
  - **Georg der Reiche** (1455–1503), Hzg. v. Bayern-Landshut ⚭ 1475 **Hedwig von Polen** (1457–1502)
    - *Ludwig (* 1476), Ruprecht (* 1477), Wolfgang (* 1482)*
    - Margarete (1480–1531), Äbtissin in Neuburg a.d. Donau
    - Elisabeth (1478–1504) — ⚭ — Ruprecht (1481–1504), Pfalzgf. b. Rhein
      - Ottheinrich (1502–1559), Pfalzgf. u. Hzg. v. Neuburg, Kfst. v. d. Pfalz (ab 1556) ⚭ 1529 Susanna v. Bayern (1502–1543)
      - Philipp (1503–1548), Hzg. v. Pfalz-Neuburg
  - Margarete (1456–1501) ⚭ 1474 Philipp d. Aufrichtige (1448–1508), Kfst. v. d. Pfalz
    - Ruprecht (1481–1504), Pfalzgf. b. Rhein
  - Anna (*/† 146

Friedrich II.
(1412–1464)
Kfst. v. Sachsen
⚭ Margaretha v. Österreich
(1416–1486)

Amalie
v. Sachsen
(1436–1501)

Anna
(1437–1512)
⚭ Albert II. Achilles
(1414–1486)
Kfst. v. Brandenburg

Frederick
(1439–1451)

Ernst
(1441–1486)
⚭ Elisabeth v.
Bayern
(1443–1484)

Albrecht
(1443–1450)
⚭ Sidonie v.
Böhmen
(1449–1510)

Margarete
(1444–1498)
Äbtissin in
Seußlitz

Hedwig
(1445–1511)
Äbtissin in
Quedlinburg

Alexander
(*/† 1447)

Ludwig V.
(1481–1504)
Kfst. v. d. Pfalz

*12 weitere
Kinder*

ZEITTAFEL

1204	Gründung Landshuts
1329/1392	Wittelsbacher Hausvertrag von Pavia/die große Landesteilung: Es entstehen die Herzogtümer Bayern-Landshut, Bayern-München, Bayern-Ingolstadt und Bayern-Straubing-Holland
um 1389	Baubeginn der Landshuter Kirche St. Martin; 1444 Grundsteinlegung für den Turm; Fertigstellung der Kirche um 1500
1393	Heinrich XVI., genannt der Reiche (1386–1450), wird Herzog von Bayern-Landshut; 1412 Heirat mit Margarete von Österreich
1408/10	Niederwerfung der Landshuter Bürgeraufstände durch Herzog Heinrich
1414–1418	Konzil von Konstanz: 1415 Hinrichtung des böhmischen Reformators Jan Hus
1425	Wittelsbacher Linie Bayern-Straubing(-Holland) endet; Erbteilung zwischen Bayern-Landshut, Bayern-München und Bayern-Ingolstadt
1435	Ertränkung der Agnes Bernauer, Baderstochter und Herzogin, in der Donau zu Straubing
1440	Wahl des Habsburgers Friedrich III. zum römisch-deutschen König; 1552 Krönung zum Kaiser in Rom; lebte von 1415–1493
1445	Kasimir IV. wird König von Polen; verheiratet mit Elisabeth von Österreich; Eltern Hedwigs, der Braut der Landshuter Hochzeit 1475
1447	Tod des gefangenen Herzogs von Bayern-Ingolstadt (Ludwig, genannt der Bärtige oder der Gebartete) in Burghausen; Bayern-Ingolstadt kommt an Bayern-Landshut
1450	Ludwig IX, genannt der Reiche (1417–1479), wird Herzog von Bayern-Landshut; 1452 Heirat mit Amalie von Sachsen (1435–1502); Eltern Georgs, des Bräutigams der Landshuter Hochzeit 1475
1450	Judenvertreibung aus dem Herzogtum Bayern-Landshut
um 1450	Erfindung des Buchdruckes durch Johannes Gutenberg in Mainz
1453	Eroberung Konstantinopels durch die Türken (Osmanen)
1455	Geburt Georgs des Reichen, später Herzog von Bayern-Landshut; Bräutigam der Landshuter Hochzeit 1475
1457	Geburt Hedwigs von Polen; Braut der Landshuter Hochzeit 1475
1459	Geburt Erzherzog Maximilians; 1486 römisch-deutscher König; 1508 Kaiser Maximilian I. (gest. 1519)

1459–1463	»Fürstenkrieg« zwischen Kurfürst Albrecht Achilles von Brandenburg-Ansbach und Herzog Ludwig dem Reichen von Bayern-Landshut, auch genannt der 2. Bayerische Krieg (1. Bayerische Krieg: 1420–22 zwischen Bayern-Ingolstadt und Bayern-Landshut mit Bayern-München)
1472	Gründung der ersten bayerischen Universität in Ingolstadt durch Herzog Ludwig den Reichen von Bayern-Landshut
1475	November: »Landshuter Hochzeit«; der Herzogssohn Georg der Reiche heiratet die polnische Königstochter Hedwig
1478	Geburt Elisabeths, Tochter Georgs des Reichen und seiner Gemahlin Hedwig
1479	Georg der Reiche (1455–1503) folgt seinem Vater Ludwig als Herzog in Landshut nach
1480	Geburt Margaretes, Tochter Georgs des Reichen und seiner Gemahlin Hedwig
1494	Eintritt Margaretes ins Dominikanerinnenkloster Altenhohenau am Inn
1499	Eheschließung Elisabeths, der Tochter Georgs und Hedwigs, mit Pfalzgraf Ruprecht
1502	18. Februar: Herzogin Hedwig stirbt in Burghausen; beigesetzt im Kloster von Raitenhaslach; 10. April. Geburt Ottheinrichs, Enkel Georgs und Hedwigs
1503	12. November; Geburt Philipps, Enkel Georgs und Hedwigs; 1. Dezember: Herzog Georg der Reiche von Bayern-Landshut stirbt; beigesetzt im Kloster Seligenthal; Erbin: Tochter Elisabeth, verh. Pfalzgräfin
1504	Tod Elisabeths, Tochter Georgs und Hedwigs
1504/1505	»Landshuter Erbfolgekrieg« endet mit dem Tod des Pfalzgrafenpaares; Sieg Herzog Albrechts von Bayern-München (mit königlicher Unterstützung)
1506	»Kölner Schiedsspruch«: Ottheinrich und Philipp (Hedwigs und Georgs Enkel) erhalten das Fürstentum Pfalz-Neuburg, Herzog Albrecht von Bayern-München bekommt das Landshuter Herzogtum; Ende der Selbständigkeit von Bayern-Landshut
1506	Primogeniturgesetz: untersagt Teilungen des nunmehr vereinten Herzogtums Bayern; Erbrecht des Erstgeborenen
1508	Tod Herzog Albrechts IV. von Bayern, genannt der Weise
1509	Hedwigs Tochter Margarethe wird Äbtissin des Benediktinerinnenklosters Neuburg a. d. Donau
1514	Herzog Ludwig X. macht Landshut zu seiner Residenzstadt; Mitregent im Herzogtum Bayern (gemeinsam mit Herzog Wilhelm IV. von Bayern)

1517	Luthers »Thesenanschlag« in Wittenberg: Beginn der Reformation
1531	Tod Margarethes, Tochter Georgs und Hedwigs
1536–1543	Errichtung der herzoglichen Stadtresidenz in Landshut als Renaissance-Palazzo im italienischen Stil
1545	Tod Ludwigs X.; Ende Landshuts als herzogliche Residenzstadt
1548	Tod Philipps, Enkel Georgs und Hedwigs
1559	Tod Ottheinrichs, Enkel Georgs und Hedwigs

QUELLEN UND LITERATUR

Arnpeck, Veit: Sämtliche Chroniken, hrsg. v. Georg Leidinger. München 1915.

Aventinus, Johannes: Baierische Chronik, hrsg. v. Georg Leidinger. Neuausgabe München 1988.

Baader, J.: Haus- und Hofhaltungsordnung Herzog Ludwig des Reichen von Niederbayern für das Residenzschloss Burghausen während des Aufenthalts seiner Gemahlin Herzogin Amalie dortselbst. In: Oberbayerisches Archiv, Bd. 36, 1877, S. 26–52.

Bauer, Thomas Alexander: Feiern unter den Augen der Chronisten. Die Quellentexte zur Landshuter Fürstenhochzeit von 1475. München 2008. (Im Anhang: Abschrift der sog. Großen Rechnung und Abschrift der Chronik des sog. Markgrafenschreibers Hans Oringen).

Beckenbauer, Alfons: Eine Momentaufnahme aus der europäischen Geschichte. Die Polenhochzeit in Landshut im Jahr 1475. Landshut 1996.

Beckenbauer, Alfons (Hg.): Trauerrede auf den Tod der Hedwig von Polen, Gemahlin Herzog Georgs von Bayern-Landshut, gehalten im Jahre 1502 von Jakob Locher, genannt Philomusus. Zweisprachige Ausgabe, Landshut 1984.

Biersack, Irmgard: Die Hofhaltung der »reichen Herzöge« von Bayern-Landshut. Regensburg 2006.

Bleibrunner, Hans: Große Niederbayern. Zwölf Lebensbilder. Passau 1972.

Bleibrunner, Hans: Landshuter Hochzeit 1475. Hrsg. v. Verkehrsverein e.V., Landshut 1975.

Bosl, Karl (Hrsg.): Bosls Bayerische Biographie. 8000 Persönlichkeiten aus 15 Jahrhunderten. Regensburg 1983.

Caro, Jakob: Geschichte Polens. 5. Teil, Erste Hälfte: 1455–1480, Gotha 1886.

Carossa, Hans: Hans Carossa über Landshut. Literaturtage in Landshut 1996

Dorner, Johann: Herzogin Hedwig und ihr Hofstaat. Das Alltagsleben auf der Burg Burghausen nach Originalquellen des 15. Jahrhunderts. Burghauser Geschichtsblätter, 53. Folge, hrsg. v. d. Stadt Burghausen – Stadtarchiv 2002.

Duby, Georges u. Perrot, Michelle (Hg.) Geschichte der Frauen, Bd. 2: Mittelalter. Frankfurt/New York/Paris 1993.

Eberle-Dobiasch, Edith: »Behandelt meine liebe Gemahlin als Frau und Fürstin«. Über das Leben der bayerischen Herzoginnen Margarete, Amalie und Hedwig auf der Burg zu Burghausen. Sendemanuskript Bayer. Rundfunk, Land und Leute, München 1983.

Ennen, Edith: Frauen im Mittelalter. München 1984.

Förg, Klaus G. u. Standl, Günter (Fotos), Stahleder, Erich (Text): Landshuter Hochzeit. Jubiläumsband 2002.

Füetrer, Ulrich: Bayerische Chronik, hrsg. v. Reinhold Spiller. München 1909.

Goderbauer-Marchner, Gabriele u. Helmut Stix (Hg.): Landshuter Hochzeit 1475. Treffpunkt Europas – einst und jetzt. Landshut 2009.

Hartmann, Peter Claus: Bayerns Weg in die Gegenwart. Vom Stammesherzogtum zum Freistaat heute. Regensburg 1989.

Heyde, Jürgen: Geschichte Polens. München 2006, 2. durchgesehene u. aktualisierte Aufl. 2008.

Hiereth, Sebastian: Zeitgenössische Quellen zur Landshuter Fürstenhochzeit 1475. In: Verhandlungen des Historischen Vereins von Niederbayern, Bd. 85, H. 1, Landshut 1959.

Hiereth, Sebastian: Herzog Georgs Hochzeit zu Landshut im Jahre 1475. Eine Darstellung aus zeitgenössischen Quellen, 4. erweiterte Aufl., Landshut o.J.

Hoensch, Jörg K.; Geschichte Polens. 3., neubearbeitete und erweiterte Aufl., Stuttgart 1998.

Huber, Gerald: Die Reichen Herzöge von Bayern-Landshut. Bayerns goldenes Jahrhundert. Regensburg 2. Aufl. 2017.

Huber, Gerald: Kleine Geschichte Niederbayerns. Regensburg 2007.

In eren liebt sie – Die Landshuter Hochzeit 1903–2005. Annäherung an das Jahr 1475. Schriften aus den Museen der Stadt Landshut 20, hrsg. v. Franz Niehoff.

Körner, Hans-Michael: Die Wittelsbacher. Vom Mittelalter bis zur Gegenwart. München 2009.

Krausen, Edgar: Das Erzbistum Salzburg. Band 1: Die Zisterzienserabtei Raitenhaslach. Berlin, New York 1977. (= Germania Sacra, hrsg. v. Max-Planck-Institut für Geschichte, Neue Folge 11: Die Bistümer der Kirchenprovinz Salzburg).

Langer, Brigitte: Burg zu Burghausen. Amtlicher Führer. Bayerische Schlösserverwaltung München 2011.

Mitterwieser, Alois: Herzogin Margarete, Äbtissin von Neuburg a. D. In: Studien und Mitteilungen zur Geschichte des Benediktinerordens und seiner Zweige. N.F., Jg. 3, 1913, S. 294–314.

Niehoff, Franz (Hg.): Landshuter Hochzeit seit 1475. Landshut 2013 (=Schriften aus den Museen der Stadt Landshut 32).

Niehoff, Franz (Hg.): Das goldene Jahrhundert der Reichen Herzöge. Publikation zur Ausstellung der Museen der Stadt Landshut 2014/15 (= Schriften aus den Museen der Stadt Landshut 34).

Panzer, Marita A.: Wittelsbacherinnen. Fürstentöchter einer europäischen Dynastie. Regensburg 2012.

Paringer, Martina: Die Territorialpolitik der Herzöge Albrechts IV. und Georgs des Reichen von Bayern. Größe und Einheit Bayerns in Konkurrenz zu Habsburg. Magisterarbeit Uni Regensburg 2005.

Prinz von Bayern, Adalbert: Die Wittelsbacher. Geschichte unserer Familie. München 1979.

Rall, Hans und Rall, Marga: Die Wittelsbacher in Lebensbildern. TB München/Zürich 2005.

Rieder, Renate: Die Gemahlinnen der Reichen Herzöge von Niederbayern, Margarete von Österreich, Amalie von Sachsen und Hedwig von Polen. Schriftliche Zulassungsarbeit für das Lehramt an Realschulen, Uni Regensburg 1999.

Riezler, Sigmund: Geschichte Baierns. Bd. 3: 1347–1508, Neudruck der Ausgabe von 1889, Aalen 1964.

Roth, Friedrich (Hg.): Des Ritters Hans Ebran von Wildenberg Chronik von den Fürsten aus Bayern. München 1905.

Schmid, Alois und Weigand, Katharina (Hg.): Die Herrscher Bayerns. München 2. Aufl. 2006.

Schwertl, Gerhard: Der Landshuter Erbfolgekrieg (1503–1505). In: Spitzlberger, Georg, Das Herzogtum Bayern-Landshut und seine Residenzstadt 1392–1503, Landshut 1993, S. 55/56.

Spindler, Max (Hg.): Handbuch der Bayerischen Geschichte, Bde 1–6, 2. überarb. Aufl., München 1981ff.

Spitzlberger, Georg: Das Herzogtum Bayern-Landshut und seine Residenzstadt 1392–1503. Landshut 1993.

Stadler, Erika: Die Landshuter Hochzeit 1475. Vom Werden eines Festes. Riemerling 1991.

Stadt Landshut (Hg.): Weitberühmt und vornehm ... Landshut 1204–2004. Beiträge zu 800 Jahren Stadtgeschichte. Landshut 2004.

Stahleder, Erich: Die Kinder und Enkel der Hedwig von Polen. Beilage zum Amtlichen Schul-Anzeiger für den Regierungsbezirk Niederbayern, Nr. 4, Landshut 1965.

Stahleder, Erich: Die Landshuter von 1475 nach dem wiederentdeckten Bericht des »Markgrafenschreibers«. In: Beilage zum Amtlichen Schul-Anzeiger für den Regierungsbezirk Niederbayern, 1. Mai 1975, Nr. 2.

Stahleder, Erich: Landshuter Hochzeit 1475. Ein bayerisch-europäisches Hoffest aus der Zeit der Gotik. Ottobrunn 1984.

Stauber, R.: Georg der Reiche. Vom Sterben und Leben eines Herzogs. In: Verhandlungen des Historischen Vereins für Niederbayern, Bd. 129/30, Landshut 2003/04, S. 93–108.

Wiedemann, J.: Die Hinterlassenschaft der Gemahlin Herzog Georgs des Reichen von Baiern, Hedwig. In: Burghauser Geschichtsblätter, 9. Jg., Burghausen 1919, S. 27–33.

Wildenberg, Hans Ebran von: Chronik von den Fürsten aus Bayern, hrsg. v. Friedrich Roth. München 1905.

Wladyka, Antoni: Elisabeth von Habsburg. Mutter der Jagiellonenkönige. o. O. 2017.

Wurzbach, Christian von: Biographisches Lexikon des Kaiserthums Oesterreich, 6. Theil: Habsburg, Elisabeth von Oesterreich, Königin von Polen. Wien 1860.

Ziegler, Walter: Die Bedeutung des Beinamens »reich« der Landshuter Herzöge Heinrich, Ludwig und Georg. In: Festschrift für Andreas Kraus zum 60. Geburtstag, hrsg. v. Pankraz Fried und Walter Ziegler, Kallmünz 1982, S. 161–181.

Ziegler, Walter: Die niederbayerischen Residenzen im Spätmittelalter. Potsdam 1978, (=Sonderdruck aus »Blätter für deutsche Landesgeschichte« Bd. 123/1987).

BILDNACHWEIS

akg-images: 86 (AKG6035487)

Autorin: 76

Bayerische Staatsgemäldesammlungen: 63 (Inv. Nr. 6787), 80 (Inv. Nr. 2447), 84 (Inv. Nr. 1156)

Bayerische Verwaltung der staatlichen Schlösser, Gärten und Seen (Rainer Hermann/ Ulrich Pfeuffer, München): 52, 54, 60, 82

Bildarchiv Monheim: 39 (Florian Monheim)

Bildarchiv Preußischer Kulturbesitz: 49 (Nr. 10014434)

Die Förderer e.V. Landshut: 98, 100/101

Harry Zdera: 94/95, 96/97

https://commons.wikimedia.org: 11 (AndreCostaWMSE-bot, Public Domain), 13 (Kawaart, Public Domain), 16 (DALIBRI, Public Domain), 25 (Gliwi, CC BY-SA 3.0), 37 (Gliwi, CC BY-SA 3.0), 72 (Lou.gruber, Public Domain), 73 (Michael Burgholzer, CC BY-SA 4.0), 88 (Georg Pencz, Public Domain), 89 (Barthel Beham, Public Domain), 93 (Oktobersonne, CC BY-SA 4.0)

Residenzschloss Altenburg, Schloss- und Spielkartenmuseum: 32 (unbekannter Künstler)

Staatsbibliothek Bamberg: S. 47 (JH.Inc.typ.IV.24)

Umschlagmotive: vorne: Herzogin Hedwig von Bayern-Landshut, Gemälde aus der Burg Trausnitz in Landshut (Bayerische Verwaltung der staatlichen Schlösser, Gärten und Seen, Rainer Hermann/ Ulrich Pfeuffer); hinten: Herzog Georg der Reiche von Bayern-Landshut und Herzogin Hedwig, Glasfenster im Rathaus von Landshut, 19. Jh. (https://commons.wikimedia.org: Gliwi, CC BY-SA 3)

Bibliografische Information der Deutschen Nationalbibliothek
Die Deutsche Nationalbibliothek verzeichnet diese Publikation in der Deutschen Nationalbibliografie; detaillierte bibliografische Daten sind im Internet über http://dnb.dnb.de abrufbar.

Gutenbergstraße 8 | 93051 Regensburg
Tel. 0941/920220 | verlag@pustet.de

ISBN 978-3-7917-3182-7
Reihen-/Umschlaggestaltung und Layout: Martin Veicht, Regensburg
Satz: Vollnhals Fotosatz, Neustadt a. d. Donau
Druck und Bindung: Friedrich Pustet, Regensburg
Printed in Germany 2020

eISBN 978-3-7917-6186-2 (epub)